ADOLESCENTES PRIVADOS DE LIBERDADE

EDITORA AFILIADA

Dados Internacionais de Catalogação na Publicação (CIP)
(Câmara Brasileira do Livro, SP, Brasil)

Adolescentes privados de liberdade : a normativa nacional e internacional & reflexões acerca da responsabilidade penal / Mario Volpi, (org.). — 6. ed. rev. ampl. — São Paulo : Cortez, 2014.

ISBN 978-85-249-2213-8
1. Adolescentes - Privação de liberdade I. Volpi, Mario.

14-07470 CDD-365.42

Índices para catálogo sistemático:

1. Adolescentes em conflito com a lei : Privação de liberdade : Problemas sociais 365.42

FONACRIAD MARIO VOLPI (Org.)
João Batista Saraiva Rolf Koerner Júnior

ADOLESCENTES PRIVADOS DE LIBERDADE

A Normativa Nacional e Internacional &
Reflexões acerca da responsabilidade penal

6ª edição revista e ampliada

FONACRIAD

ADOLESCENTES PRIVADOS DE LIBERDADE: a normativa nacional e internacional & reflexões acerca da responsabilidade penal
Mario Volpi (Org.)

Capa: de Sign Arte Visual
Preparação de originais: Alexandra Resende
Revisão: Maria de Lourdes de Almeida
Composição: Linea Editora Ltda.
Coordenação editorial: Danilo A. Q. Morales

Direitos para esta edição
CORTEZ EDITORA
Rua Monte Alegre, 1074 – Perdizes
05014-001 – São Paulo – SP
Tel.: (11) 3864-0111 Fax: (11) 3864-4290
E-mail: cortez@cortezeditora.com.br
www.cortezeditora.com.br

Impresso no Brasil — agosto de 2014

Sumário

PARTE II
Reflexões sobre a responsabilidade penal dos adolescentes

Apresentação à 6ª edição

Em 1997, quando se publicou a primeira edição deste livro, tinha-se o objetivo de trazer para o debate sobre os(as) adolescentes a quem se atribui a prática de atos infracionais, a questão da normativa internacional, para ampliar o repertório de questões que estão relacionadas ao tema.

Havia então, por parte de uma parcela da mídia, operadores do sistema, professores e juristas uma percepção de que o problema da prática de atos infracionais por adolescentes era o resultado de "uma lei brasileira que protege os infratores".

No caso específico dos dirigentes das instituições que atuavam diretamente com os adolescentes havia também uma demanda por conhecerem com mais profundidade os conceitos, as doutrinas e os consensos internacionais sobre a temática para melhor posicionar seus governos.

Em relação à opinião pública tinha-se a intenção de, pela via indireta dos chamados formadores de opinião, disponibilizar um quadro mais amplo de princípios e diretrizes que fundamentam a ação socioeducativa no cenário global.

Ao preparar esta edição observa-se que embora se tenha avançado em algumas das questões apresentadas dezessete anos atrás, elas continuam atuais em termos de desafios a serem enfrentados.

Por um lado parte da imprensa, da opinião pública, dos políticos e dos educadores continuam achando o Estatuto da Criança e do

Adolescente (ECA) muito brando em relação ao ato infracional praticado por adolescentes. Poucos conhecem a normativa internacional e os instrumentos de proteção aos direitos de adolescentes em conflito com a lei. Muitos, sem qualquer argumento ou evidência aceitável, insistem que um aumento de penas ou a redução da idade penal seria a solução para a violência praticada por adolescentes.

Por outro lado o país avançou na definição de um Sistema Nacional Socioeducativo, estabelecendo papéis claros para os governos federal, estaduais e municipais e muitos estados promoveram mudanças nas instituições e estruturas de atendimento aos adolescentes em cumprimento de medida socioeducativa.

Esta nova edição pretende incluir estes avanços e atualizar as reflexões de forma a continuar disponibilizando um quadro de referência que contribua para elevar o debate situando-o no contexto dos princípios internacionais de direitos humanos.

Na medida em que os profissionais da área das medidas socioeducativa, os operadores do sistema de garantia de direitos de crianças e adolescentes, pesquisadores, juízes, promotores, defensores públicos, estudantes e defensores dos direitos de crianças e adolescentes entenderem que os adolescentes que praticam atos infracionais continuam sendo sujeitos de direitos e são capazes de fazer uma ruptura em sua trajetória infracional, o país vai avançar tendo os direitos humanos como fundamento e irá assegurar um atendimento que lhes permita conviver na sociedade de forma crítica e construtiva.

Mário Volpi

Prefácio

É com imensa satisfação que o Fórum Nacional de Dirigentes Governamentais de Entidades Executoras da Política de Promoção e Defesa dos Direitos da Criança e do Adolescente (FONACRIAD), aceita o desafio de integrar o trabalho que vai além da compilação e atualização de textos e documentos referentes ao adolescente e à prática de ato infracional. Mais do que um registro de leis, normativas e intenções, este documento registra as ideias e ideais que, ao longo da história, foram discutidas, analisadas, pensadas e aprovadas por um número incontável de profissionais, estudantes, militantes e pessoas dedicadas nesta área e que trabalharam em prol dos Direitos Humanos. Em especial dos adolescentes privados de liberdade.

O FONACRIAD vem desde sua criação fazendo parte desse rol de atores que fizeram e ainda fazem a história do Sistema de Garantia de Direitos no Brasil.

Na década de 1980, no seio da discussão de superação e substituição do Código de Menores, e com a necessidade de maior articulação, os órgãos estaduais fortaleceram essa luta conjunta com a criação do FONACRIAD. Este já nasce integrado na luta nacional pela mudança de paradigmas explicitados no artigo 227 da Constituição federal, e teve papel fundamental na elaboração, aprovação e consolidação do Estatuto da Criança e do Adolescente (ECA). Desde então, o FONACRIAD tem exercido o seu papel na defesa dos direitos de crianças e adolescentes e pela melhoria do atendimento a eles, alternando a presidência entre dirigentes estaduais a cada ano e promovendo encontros nos diversos Estados da federação e em Brasília. Atualmente, o FONACRIAD é formado por gestores de todos os Estados da federação responsáveis pela política de atendimento socioeducativo. Eles participam de reuniões técnicas e encontros nacionais, reafirmando seus compromissos por meio das cartas institucionais e da articulação política junto aos demais atores do Sistema de Garantia na busca incessante pela garantia e defesa dos direitos das crianças e adolescentes.

Para este livro, não poderia ficar de fora a inclusão e apresentação da Lei n. 12.594/2012, que institui o Sistema Nacional de Atendimento Socioeducativo (SINASE), além de reunir princípios, regras e critérios para a execução de medidas socioeducativas e para programas de atendimento ao adolescente infrator. O texto é derivado do Projeto de Lei da Câmara (PLC) n. 134/2009, de autoria do próprio Executivo, e passou por cinco comissões permanentes do Senado. Dessa forma, o PLC n. 134/2009 foi aprovado no Plenário em 20 de dezembro de 2011 apenas com emendas de redação ao texto enviado pela Câmara.

Ao instituir o SINASE, a nova lei define as competências dos entes federativos, os planos de atendimento nas respectivas esferas de governo, os diferentes regimes dos programas de atendimento, o acompanhamento e a avaliação das medidas, a responsabilização dos gestores e as fontes de financiamento. A lei trata, ainda, da execução das medidas socioeducativas, abrangendo os procedimentos gerais e os atendimentos individuais, a atenção integral à saúde do adolescente (com previsão específica para casos de transtorno mental e dependência de álcool ou substâncias psicoativas), os regimes disciplinares e a oferta de capacitação para o trabalho.

A lei recomenda a aprovação dos Planos de Atendimento Socioeducativo, nos âmbitos municipal, estadual e federal, devendo prever ações pedagógicas, recursos humanos, estrutura e financiamento.

Com relação ao financiamento dessa política foram ampliadas as fontes, pois antes apenas recursos dos orçamentos das prefeituras, governos estaduais e União, e dos fundos de Defesa dos Direitos da Criança e do Adolescente (nas três esferas) eram destinados para programas socioeducativos. Dentre as novas fontes, constam o Fundo de Amparo ao Trabalhador (FAT), o Fundo de Prevenção, Recuperação e de Combate ao Abuso de Drogas (Funcab) e o Fundo Nacional do Desenvolvimento da Educação (FNDE).

Alexandre Azevedo de Jesus
Diretor-geral do DEGASE/RJ e presidente do FONACRIAD
Fórum Nacional de Dirigentes Governamentais de Entidades Executoras da Política de Promoção e Defesa dos Direitos da Criança e do Adolescente

Lista de entidades membros do FONACRIAD

JUNHO DE 2014

ACRE — Secretaria de Estado de Justiça e Direitos Humanos (SEJUDH) — Instituto Socioeducativo do Estado do Acre (ISE)

ALAGOAS — Secretaria de Estado da Promoção da Paz (SEPAZ) — Superintendência de Proteção e Garantia na Medida Socioeducativa

AMAPÁ — Secretaria de Inclusão e Mobilização Social (SIMS) — Fundação da Criança e do Adolescente (FCRIA)

AMAZONAS — Secretaria de Assistência Social e Cidadania (SEAS) — Gerência de Atendimento Socioeducativo

BAHIA — Secretaria do Desenvolvimento Social e Combate à Pobreza (SEDES) — Fundação da Criança e do Adolescente (FUNDAC)

CEARÁ — Secretaria do Trabalho e Desenvolvimento Social do Estado do Ceará (STDS) — Coordenadoria de Proteção Social Especial

DISTRITO FEDERAL — Secretaria de Estado da Criança e do Governo do Distrito Federal (GDF) — Secretaria da Criança

ESPÍRITO SANTO — Secretaria de Justiça — Instituto de Atendimento Socioeducativo (IASES)

GOIÁS — Secretaria de Estado de Cidadania e Trabalho (CECT) — Superintendência da Criança e do Adolescente

MARANHÃO — Secretaria de Estado de Desenvolvimento Social (SEDES) — Fundação da Criança e do Adolescente (FUNAC)

MATO GROSSO — Secretaria de Estado de Justiça e Direitos Humanos (SEJUDH) — Superintendência do Sistema Socioeducativo

MATO GROSSO DO SUL — Secretaria de Estado de Justiça e Segurança Pública — Superintendência de Assistência Socioeducativa vinculada a SEJUSP

MINAS GERAIS — Secretaria de Estado de Defesa Social (SEDES) — Subsecretaria de Atendimento às Medidas Socioeducativas (SUASE)

PARÁ — Secretaria Especial de Estado de Proteção e Desenvolvimento Social — Fundação de Atendimento Socioeducativo do Pará (FASEPA)

PARANÁ — Secretaria de Estado da Família e Desenvolvimento Social — Coordenação de Socioeducação

PARAÍBA — Secretaria Estadual do Desenvolvimento Humano — Fundação de Desenvolvimento da Criança e do Adolescente Alice de Almeida (FUNDAC)

PERNAMBUCO — Secretaria da Criança e da Juventude — Fundação de Atendimento Socioeducativo (FUNASE)

PIAUÍ — Secretaria de Assistência Social e Cidadania — SASC (FONSET/FONSEAS) — Diretoria da Unidade de Atendimento Socioeducativo (DUASE/SASC)

RIO DE JANEIRO — Secretaria de Estado de Educação — Departamento Geral de Ações Socioeducativas (DEGASE)

RIO GRANDE DO NORTE — Secretaria do Trabalho, da Habitação e da Assistência Social — Fundação Estadual da Criança e do Adolescente (FUNDAC)

RIO GRANDE DO SUL — Secretaria da Justiça e dos Direitos Humanos — Fundação de Atendimento Socioeducativo (FASE/RS)

RONDÔNIA — Secretaria de Estado da Justiça (SEJUS) — Coordenadoria de Atendimento ao Adolescente em Conflito com a Lei

RORAIMA — Secretaria do Estado do Trabalho e Bem-Estar Social (SETRABES) — Centro Socioeducativo

SÃO PAULO — Secretaria da Justiça e da Defesa da Cidadania — Fundação Casa/Centro de Atendimento Socioeducativo ao Adolescente

SERGIPE — Secretaria de Estado da Inclusão, Assistência e Desenvolvimento Social — Fundação Renascer

SANTA CATARINA — Secretaria Executiva de Justiça e Cidadania — Departamento de Administração Socioeducativa

TOCANTINS — Secretaria de Defesa Social — Superintendência de Proteção dos Direitos Humanos e Sociais

PARTE I

A normativa nacional e internacional

1

Artigos do Estatuto da Criança e do Adolescente (Lei nº 8.069/1990) relativos ao ato infracional

TÍTULO III
Da Prática de Ato Infracional

CAPÍTULO I
DISPOSIÇÕES GERAIS

Art. 103. Considera-se ato infracional a conduta descrita como crime ou contravenção penal.

Art. 104. São penalmente inimputáveis os menores de dezoito anos, sujeitos às medidas previstas nesta Lei.

Parágrafo único. Para os efeitos desta Lei, deve ser considerada a idade do adolescente à data do fato.

Art. 105. Ao ato infracional praticado por criança corresponderão as medidas previstas no art. 101.

CAPÍTULO II
DOS DIREITOS INDIVIDUAIS

Art. 106. Nenhum adolescente será privado de sua liberdade senão em flagrante de ato infracional ou por ordem escrita e fundamentada da autoridade judiciária competente.

Parágrafo único. O adolescente tem direito à identificação dos responsáveis pela sua apreensão, devendo ser informado acerca de seus direitos.

Art. 107. A apreensão de qualquer adolescente e o local onde se encontra recolhido serão incontinenti comunicados à autoridade judiciária competente e à família do apreendido ou à pessoa por ele indicada.

Parágrafo único. Examinar-se-á, desde logo e sob pena de responsabilidade, a possibilidade de liberação imediata.

Art. 108. A internação, antes da sentença, pode ser determinada pelo prazo máximo de quarenta e cinco dias.

Parágrafo único. A decisão deverá ser fundamentada e basear-se em indícios suficientes de autoria e materialidade, demonstrada a necessidade imperiosa da medida.

Art. 109. O adolescente civilmente identificado não será submetido a identificação compulsória pelos órgãos policiais, de proteção e judiciais, salvo para efeito de confrontação, havendo dúvida fundada.

CAPÍTULO III
DAS GARANTIAS PROCESSUAIS

Art. 110. Nenhum adolescente será privado de sua liberdade sem o devido processo legal.

Art. 111. São asseguradas ao adolescente, entre outras, as seguintes garantias:

I — pleno e formal conhecimento da atribuição de ato infracional, mediante citação ou meio equivalente;

II — igualdade na relação processual, podendo confrontar-se com vítimas e testemunhas e produzir todas as provas necessárias à sua defesa;

III — defesa técnica por advogado;

IV — assistência judiciária gratuita e integral aos necessitados, na forma da lei;

V — direito de ser ouvido pessoalmente pela autoridade competente;

VI — direito de solicitar a presença de seus pais ou responsável em qualquer fase do procedimento.

CAPÍTULO IV
DAS MEDIDAS SOCIOEDUCATIVAS

Seção I
Disposições Gerais

Art. 112. Verificada a prática de ato infracional, a autoridade competente poderá aplicar ao adolescente as seguintes medidas:

I — advertência;

II — obrigação de reparar o dano;

III — prestação de serviços à comunidade;

IV — liberdade assistida;

V — inserção em regime de semiliberdade;

VI — internação em estabelecimento educacional;

VII — qualquer uma das previstas no art. 101, I a VI.

§ 1º A medida aplicada ao adolescente levará em conta a sua capacidade de cumpri-la, as circunstâncias e a gravidade da infração.

§ 2º Em hipótese alguma e sob pretexto algum, será admitida a prestação de trabalho forçado.

§ 3º Os adolescentes portadores de doença ou deficiência mental receberão tratamento individual e especializado, em local adequado às suas condições.

Art. 113. Aplica-se a este Capítulo o disposto nos arts. 99 e 100.

Art. 114. A imposição das medidas previstas nos incisos II a VI do art. 112 pressupõe a existência de provas suficientes da autoria e da materialidade da infração, ressalvada a hipótese de remissão, nos termos do art. 127.

Parágrafo único. A advertência poderá ser aplicada sempre que houver prova da materialidade e indícios suficientes da autoria.

Seção II
Da Advertência

Art. 115. A advertência consistirá em admoestação verbal, que será reduzida a termo e assinada.

Seção III
Da Obrigação de Reparar o Dano

Art. 116. Em se tratando de ato infracional com reflexos patrimoniais, a autoridade poderá determinar, se for o caso, que o adolescente restitua a coisa, promova o ressarcimento do dano, ou, por outra forma, compense o prejuízo da vítima.

Parágrafo único. Havendo manifesta impossibilidade, a medida poderá ser substituída por outra adequada.

Seção IV
Da Prestação de Serviços à Comunidade

Art. 117. A prestação de serviços comunitários consiste na realização de tarefas gratuitas de interesse geral, por período não excedente a seis meses, junto a entidades assistenciais, hospitais, escolas e outros estabelecimentos congêneres, bem como em programas comunitários ou governamentais.

Parágrafo único. As tarefas serão atribuídas conforme as aptidões do adolescente, devendo ser cumpridas durante jornada máxima de oito horas semanais, aos sábados, domingos e feriados ou em dias úteis, de modo a não prejudicar a frequência à escola ou à jornada normal de trabalho.

Seção V
Da Liberdade Assistida

Art. 118. A liberdade assistida será adotada sempre que se afigurar a medida mais adequada para o fim de acompanhar, auxiliar e orientar o adolescente.

§ 1º A autoridade designará pessoa capacitada para acompanhar o caso, a qual poderá ser recomendada por entidade ou programa de atendimento.

§ 2º A liberdade assistida será fixada pelo prazo mínimo de seis meses, podendo a qualquer tempo ser prorrogada, revogada ou substituída por outra medida, ouvido o orientador, o Ministério Público e o defensor.

Art. 119. Incumbe ao orientador, com o apoio e a supervisão da autoridade competente, a realização dos seguintes encargos, entre outros:

I — promover socialmente o adolescente e sua família, fornecendo-lhes orientação e inserindo-os, se necessário, em programa oficial ou comunitário de auxílio e assistência social;

II — supervisionar a frequência e o aproveitamento escolar do adolescente, promovendo, inclusive, sua matrícula;

III — diligenciar no sentido da profissionalização do adolescente e de sua inserção no mercado de trabalho;

IV — apresentar relatório do caso.

Seção VI
Do Regime de Semiliberdade

Art. 120. O regime de semiliberdade pode ser determinado desde o início, ou como forma de transição para o meio aberto, possibilitada a realização de atividades externas, independentemente de autorização judicial.

§ 1º São obrigatórias a escolarização e a profissionalização, devendo, sempre que possível, ser utilizados os recursos existentes na comunidade.

§ 2º A medida não comporta prazo determinado aplicando-se, no que couber, as disposições relativas à internação.

Seção VII

Da Internação

Art. 121. A internação constitui medida privativa da liberdade, sujeita aos princípios de brevidade, excepcionalidade e respeito à condição peculiar de pessoa em desenvolvimento.

§ 1º Será permitida a realização de atividades externas, a critério da equipe técnica da entidade, salvo expressa determinação judicial em contrário.

§ 2º A medida não comporta prazo determinado, devendo sua manutenção ser reavaliada, mediante decisão fundamentada, no máximo a cada seis meses.

§ 3º Em nenhuma hipótese o período máximo de internação excederá a três anos.

§ 4º Atingido o limite estabelecido no parágrafo anterior, o adolescente deverá ser liberado, colocado em regime de semiliberdade ou de liberdade assistida.

§ 5º A liberação será compulsória aos vinte e um anos de idade.

§ 6º Em qualquer hipótese a desinternação será precedida de autorização judicial, ouvido o Ministério Público.

§ 7º A determinação judicial mencionada no § 1º poderá ser revista a qualquer tempo pela autoridade judiciária. (Incluído pela Lei nº 12.594, de 2012.)

Art. 122. A medida de internação só poderá ser aplicada quando:

I — tratar-se de ato infracional cometido mediante grave ameaça ou violência a pessoa;

II — por reiteração no cometimento de outras infrações graves;

III — por descumprimento reiterado e injustificável da medida anteriormente imposta.

~~§ 1º O prazo de internação na hipótese do inciso III deste artigo não poderá ser superior a três meses.~~

§ 1º O prazo de internação na hipótese do inciso III deste artigo não poderá ser superior a 3 (três) meses, devendo ser decretada judicialmente após o devido processo legal. (Redação dada pela Lei nº 12.594, de 2012.)

§ 2º Em nenhuma hipótese será aplicada a internação, havendo outra medida adequada.

Art. 123. A internação deverá ser cumprida em entidade exclusiva para adolescentes, em local distinto daquele destinado ao abrigo, obedecida rigorosa separação por critérios de idade, compleição física e gravidade da infração.

Parágrafo único. Durante o período de internação, inclusive provisória, serão obrigatórias atividades pedagógicas.

Art. 124. São direitos do adolescente privado de liberdade, entre outros, os seguintes:

I — entrevistar-se pessoalmente com o representante do Ministério Público;

II — peticionar diretamente a qualquer autoridade;

III — avistar-se reservadamente com seu defensor;

IV — ser informado de sua situação processual, sempre que solicitada;

V — ser tratado com respeito e dignidade;

VI — permanecer internado na mesma localidade ou naquela mais próxima ao domicílio de seus pais ou responsável;

VII — receber visitas, ao menos, semanalmente;

VIII — corresponder-se com seus familiares e amigos;

IX — ter acesso aos objetos necessários à higiene e asseio pessoal;

X — habitar alojamento em condições adequadas de higiene e salubridade;

XI — receber escolarização e profissionalização;

XII — realizar atividades culturais, esportivas e de lazer:

XIII — ter acesso aos meios de comunicação social;

XIV — receber assistência religiosa, segundo a sua crença, e desde que assim o deseje;

XV — manter a posse de seus objetos pessoais e dispor de local seguro para guardá-los, recebendo comprovante daqueles porventura depositados em poder da entidade;

XVI — receber, quando de sua desinternação, os documentos pessoais indispensáveis à vida em sociedade.

§ 1º Em nenhum caso haverá incomunicabilidade.

§ 2º A autoridade judiciária poderá suspender temporariamente a visita, inclusive de pais ou responsável, se existirem motivos sérios e fundados de sua prejudicialidade aos interesses do adolescente.

Art. 125. É dever do Estado zelar pela integridade física e mental dos internos, cabendo-lhe adotar as medidas adequadas de contenção e segurança.

CAPÍTULO V
DA REMISSÃO

Art. 126. Antes de iniciado o procedimento judicial para apuração de ato infracional, o representante do Ministério Público poderá conceder a remissão, como forma de exclusão do processo, atendendo às circunstâncias e consequências do fato, ao contexto social, bem como à personalidade do adolescente e sua maior ou menor participação no ato infracional.

Parágrafo único. Iniciado o procedimento, a concessão da remissão pela autoridade judiciária importará na suspensão ou extinção do processo.

Art. 127. A remissão não implica necessariamente o reconhecimento ou comprovação da responsabilidade, nem prevalece para efeito de antecedentes, podendo incluir eventualmente a aplicação de qualquer das medidas previstas em lei, exceto a colocação em regime de semiliberdade e a internação.

Art. 128. A medida aplicada por força da remissão poderá ser revista judicialmente, a qualquer tempo, mediante pedido expresso do adolescente ou de seu representante legal, ou do Ministério Público.

TÍTULO IV
Das Medidas Pertinentes aos Pais ou Responsável

Art. 129. São medidas aplicáveis aos pais ou responsável:

I — encaminhamento a programa oficial ou comunitário de proteção à família;

II — inclusão em programa oficial ou comunitário de auxílio, orientação e tratamento a alcoólatras e toxicômanos;

III — encaminhamento a tratamento psicológico ou psiquiátrico;

IV — encaminhamento a cursos ou programas de orientação;

V — obrigação de matricular o filho ou pupilo e acompanhar sua frequência e aproveitamento escolar;

VI — obrigação de encaminhar a criança ou adolescente a tratamento especializado;

VII — advertência;

VIII — perda da guarda;

IX — destituição da tutela;

X — suspensão ou destituição do ~~pátrio poder~~ poder familiar. (Expressão substituída pela Lei nº 12.010, de 2009.)

Parágrafo único. Na aplicação das medidas previstas nos incisos IX e X deste artigo, observar-se-á o disposto nos arts. 23 e 24.

Art. 130. Verificada a hipótese de maus-tratos, opressão ou abuso sexual impostos pelos pais ou responsável, a autoridade judiciária poderá determinar, como medida cautelar, o afastamento do agressor da moradia comum.

Parágrafo único. Da medida cautelar constará, ainda, a fixação provisória dos alimentos de que necessitem a criança ou o adolescente dependentes do agressor. (Incluído pela Lei nº 12.415, de 2011.)

TÍTULO V
Do Conselho Tutelar

CAPÍTULO I
DISPOSIÇÕES GERAIS

Art. 131. O Conselho Tutelar é órgão permanente e autônomo, não jurisdicional, encarregado pela sociedade de zelar pelo cumprimento dos direitos da criança e do adolescente, definidos nesta Lei.

~~**Art. 132.** Em cada Município haverá, no mínimo, um Conselho Tutelar composto de cinco membros, eleitos pelos cidadãos locais para mandato de três anos, permitida uma reeleição.~~

~~**Art. 132.** Em cada Município haverá, no mínimo, um Conselho Tutelar composto de cinco membros, escolhidos pela comunidade local para mandato de três anos, permitida uma recondução. (Redação dada pela Lei nº 8.242, de 12.10.1991)~~

Art. 132. Em cada Município e em cada Região Administrativa do Distrito Federal haverá, no mínimo, 1 (um) Conselho Tutelar como órgão integrante da administração pública local, composto de 5 (cinco) membros, escolhidos pela população local para mandato de 4 (quatro) anos, permitida 1 (uma) recondução, mediante novo processo de escolha. (Redação dada pela Lei nº 12.696, de 2012)

Art. 133. Para a candidatura a membro do Conselho Tutelar, serão exigidos os seguintes requisitos:

I — reconhecida idoneidade moral;

II — idade superior a vinte e um anos;

III — residir no município.

~~**Art. 134.** Lei municipal disporá sobre local, dia e horário de funcionamento do Conselho Tutelar, inclusive quanto a eventual remuneração de seus membros.~~

~~**Parágrafo único.** Constará da lei orçamentária municipal previsão dos recursos necessários ao funcionamento do Conselho Tutelar.~~

Art. 134. Lei municipal ou distrital disporá sobre o local, dia e horário de funcionamento do Conselho Tutelar, inclusive quanto à remuneração dos respectivos membros, aos quais é assegurado o direito a: (Redação dada pela Lei nº 12.696, de 2012.)

I — cobertura previdenciária; (Incluído pela Lei nº 12.696, de 2012)

II — gozo de férias anuais remuneradas, acrescidas de 1/3 (um terço) do valor da remuneração mensal; (Incluído pela Lei nº 12.696, de 2012)

III — licença-maternidade; (Incluído pela Lei nº 12.696, de 2012.)

IV — licença-paternidade; (Incluído pela Lei nº 12.696, de 2012.)

V — gratificação natalina. (Incluído pela Lei nº 12.696, de 2012.)

Parágrafo único. Constará da lei orçamentária municipal e da do Distrito Federal previsão dos recursos necessários ao funcionamento do Conselho Tutelar e à remuneração e formação continuada dos conselheiros tutelares. (Redação dada pela Lei nº 12.696, de 2012.)

~~**Art. 135.** O exercício efetivo da função de conselheiro constituirá serviço público relevante, estabelecerá presunção de idoneidade moral e assegurará prisão especial, em caso de crime comum, até o julgamento definitivo.~~

Art. 135. O exercício efetivo da função de conselheiro constituirá serviço público relevante e estabelecerá presunção de idoneidade moral. (Redação dada pela Lei nº 12.696, de 2012.)

CAPÍTULO II
DAS ATRIBUIÇÕES DO CONSELHO

Art. 136. São atribuições do Conselho Tutelar:

I — atender as crianças e adolescentes nas hipóteses previstas nos arts. 98 e 105, aplicando as medidas previstas no art. 101, I a VII;

II — atender e aconselhar os pais ou responsável, aplicando as medidas previstas no art. 129, I a VII;

III — promover a execução de suas decisões, podendo para tanto:

a) requisitar serviços públicos nas áreas de saúde, educação, serviço social, previdência, trabalho e segurança;

b) representar junto à autoridade judiciária nos casos de descumprimento injustificado de suas deliberações.

IV — encaminhar ao Ministério Público notícia de fato que constitua infração administrativa ou penal contra os direitos da criança ou adolescente;

V — encaminhar à autoridade judiciária os casos de sua competência;

VI — providenciar a medida estabelecida pela autoridade judiciária, dentre as previstas no art. 101, de I a VI, para o adolescente autor de ato infracional;

VII — expedir notificações;

VIII — requisitar certidões de nascimento e de óbito de criança ou adolescente quando necessário;

IX — assessorar o Poder Executivo local na elaboração da proposta orçamentária para planos e programas de atendimento dos direitos da criança e do adolescente;

X — representar, em nome da pessoa e da família, contra a violação dos direitos previstos no art. 220, § 3º, inciso II, da Constituição Federal;

~~XI — representar ao Ministério Público, para efeito das ações de perda ou suspensão do pátrio poder.~~

XI — representar ao Ministério Público para efeito das ações de perda ou suspensão do poder familiar, após esgotadas as possibilidades de manutenção da criança ou do adolescente junto à família natural. (Redação dada pela Lei nº 12.010, de 2009.)

Parágrafo único. Se, no exercício de suas atribuições, o Conselho Tutelar entender necessário o afastamento do convívio familiar, comunicará incontinenti o fato ao Ministério Público, prestando-lhe informações sobre os motivos de tal entendimento e as providências tomadas para a orientação, o apoio e a promoção social da família. (Incluído pela Lei nº 12.010, de 2009.)

Art. 137. As decisões do Conselho Tutelar somente poderão ser revistas pela autoridade judiciária a pedido de quem tenha legítimo interesse.

CAPÍTULO III
DA COMPETÊNCIA

Art. 138. Aplica-se ao Conselho Tutelar a regra de competência constante do art. 147.

CAPÍTULO IV
DA ESCOLHA DOS CONSELHEIROS

~~**Art. 139.** O processo eleitoral para a escolha dos membros do Conselho Tutelar será estabelecido em Lei Municipal e realizado sob a presidência de Juiz eleitoral e a fiscalização do Ministério Público.~~

Art. 139. O processo para a escolha dos membros do Conselho Tutelar será estabelecido em lei municipal e realizado sob a responsabilidade do Conselho Municipal dos Direitos da Criança e do Adolescente, e a fiscalização do Ministério Público. (Redação dada pela Lei nº 8.242, de 12-10-1991.)

§ 1º O processo de escolha dos membros do Conselho Tutelar ocorrerá em data unificada em todo o território nacional a cada 4 (quatro) anos, no primeiro domingo do mês de outubro do ano subsequente ao da eleição presidencial. (Incluído pela Lei nº 12.696, de 2012.)

§ 2º A posse dos conselheiros tutelares ocorrerá no dia 10 de janeiro do ano subsequente ao processo de escolha. (Incluído pela Lei nº 12.696, de 2012.)

§ 3º No processo de escolha dos membros do Conselho Tutelar, é vedado ao candidato doar, oferecer, prometer ou entregar ao eleitor bem ou vantagem pessoal de qualquer natureza, inclusive brindes de pequeno valor. (Incluído pela Lei nº 12.696, de 2012.)

CAPÍTULO V
DOS IMPEDIMENTOS

Art. 140. São impedidos de servir no mesmo Conselho marido e mulher, ascendentes e descendentes, sogro e genro ou nora, irmãos, cunhados, durante o cunhadio, tio e sobrinho, padrasto ou madrasta e enteado.

Parágrafo único. Estende-se o impedimento do conselheiro, na forma deste artigo, em relação à autoridade judiciária e ao representante do Ministério Público com atuação na Justiça da Infância e da Juventude, em exercício na comarca, foro regional ou distrital.

TÍTULO VI
Do Acesso à Justiça

CAPÍTULO I
DISPOSIÇÕES GERAIS

Art. 141. É garantido o acesso de toda criança ou adolescente à Defensoria Pública, ao Ministério Público e ao Poder Judiciário, por qualquer de seus órgãos.

§ 1º A assistência judiciária gratuita será prestada aos que dela necessitarem, através de defensor público ou advogado nomeado.

§ 2º As ações judiciais da competência da Justiça da Infância e da Juventude são isentas de custas e emolumentos, ressalvada a hipótese de litigância de má-fé.

Art. 142. Os menores de dezesseis anos serão representados e os maiores de dezesseis e menores de vinte e um anos assistidos por seus pais, tutores ou curadores, na forma da legislação civil ou processual.

Parágrafo único. A autoridade judiciária dará curador especial à criança ou adolescente, sempre que os interesses destes colidirem com os de seus pais ou responsável, ou quando carecer de representação ou assistência legal ainda que eventual.

Art. 143. É vedada a divulgação de atos judiciais, policiais e administrativos que digam respeito a crianças e adolescentes a que se atribua autoria de ato infracional.

~~**Parágrafo único.** Qualquer notícia a respeito do fato não poderá identificar a criança ou adolescente, vedando-se fotografia, referência a nome, apelido, filiação, parentesco e residência.~~

Parágrafo único. Qualquer notícia a respeito do fato não poderá identificar a criança ou adolescente, vedando-se fotografia, referência a nome, apelido, filiação, parentesco, residência e, inclusive, iniciais do nome e sobrenome. (Redação dada pela Lei nº 10.764, de 12-11-2003.)

Art. 144. A expedição de cópia ou certidão de atos a que se refere o artigo anterior somente será deferida pela autoridade judiciária competente, se demonstrado o interesse e justificada a finalidade.

CAPÍTULO II
DA JUSTIÇA DA INFÂNCIA E DA JUVENTUDE

Seção I
Disposições Gerais

Art. 145. Os estados e o Distrito Federal poderão criar varas especializadas e exclusivas da infância e da juventude, cabendo ao Poder Judiciário estabelecer sua proporcionalidade por número de habitantes, dotá-las de infraestrutura e dispor sobre o atendimento, inclusive em plantões.

Seção II
Do Juiz

Art. 146. A autoridade a que se refere esta Lei é o Juiz da Infância e da Juventude, ou o juiz que exerce essa função, na forma da lei de organização judiciária local.

Art. 147. A competência será determinada:

I — pelo domicílio dos pais ou responsável;

II — pelo lugar onde se encontre a criança ou adolescente, à falta dos pais ou responsável.

§ 1º Nos casos de ato infracional, será competente a autoridade do lugar da ação ou omissão, observadas as regras de conexão, continência e prevenção.

§ 2º A execução das medidas poderá ser delegada à autoridade competente da residência dos pais ou responsável, ou do local onde sediar-se a entidade que abrigar a criança ou adolescente.

§ 3º Em caso de infração cometida através de transmissão simultânea de rádio ou televisão, que atinja mais de uma comarca, será competente, para aplicação da penalidade, a autoridade judiciária do local da sede estadual da emissora ou rede, tendo a sentença eficácia para todas as transmissoras ou retransmissoras do respectivo estado.

Art. 148. A Justiça da Infância e da Juventude é competente para:

I — conhecer de representações promovidas pelo Ministério Público, para apuração de ato infracional atribuído a adolescente, aplicando as medidas cabíveis;

II — conceder a remissão, como forma de suspensão ou extinção do processo;

III — conhecer de pedidos de adoção e seus incidentes;

IV — conhecer de ações civis fundadas em interesses individuais, difusos ou coletivos afetos à criança e ao adolescente, observado o disposto no art. 209;

V — conhecer de ações decorrentes de irregularidades em entidades de atendimento, aplicando as medidas cabíveis;

VI — aplicar penalidades administrativas nos casos de infrações contra norma de proteção à criança ou adolescente;

VII — conhecer de casos encaminhados pelo Conselho Tutelar, aplicando as medidas cabíveis.

Parágrafo único. Quando se tratar de criança ou adolescente nas hipóteses do art. 98, é também competente a Justiça da Infância e da Juventude para o fim de:

a) conhecer de pedidos de guarda e tutela;

b) conhecer de ações de destituição do ~~pátrio poder~~ poder familiar, perda ou modificação da tutela ou guarda; (Expressão substituí. da pela Lei nº 12.010, de 2009.)

c) suprir a capacidade ou o consentimento para o casamento;

d) conhecer de pedidos baseados em discordância paterna ou materna, em relação ao exercício do ~~pátrio poder~~ poder familiar. (Expressão substituída pela Lei nº 12.010, de 2009.)

e) conceder a emancipação, nos termos da lei civil, quando faltarem os pais;

f) designar curador especial em casos de apresentação de queixa ou representação, ou de outros procedimentos judiciais ou extrajudiciais em que haja interesses de criança ou adolescente;

g) conhecer de ações de alimentos;

h) determinar o cancelamento, a retificação e o suprimento dos registros de nascimento e óbito.

Art. 149. Compete à autoridade judiciária disciplinar, através de portaria, ou autorizar, mediante alvará:

I — a entrada e permanência de criança ou adolescente, desacompanhado dos pais ou responsável, em:

a) estádio, ginásio e campo desportivo;

b) bailes ou promoções dançantes;

c) boate ou congêneres;

d) casa que explore comercialmente diversões eletrônicas;

e) estúdios cinematográficos, de teatro, rádio e televisão.

II — a participação de criança e adolescente em:

a) espetáculos públicos e seus ensaios;

b) certames de beleza.

§ 1º Para os fins do disposto neste artigo, a autoridade judiciária levará em conta, dentre outros fatores:

a) os princípios desta Lei;

b) as peculiaridades locais;

c) a existência de instalações adequadas;

d) o tipo de frequência habitual ao local;

e) a adequação do ambiente a eventual participação ou frequência de crianças e adolescentes;

f) a natureza do espetáculo.

§ 2º As medidas adotadas na conformidade deste artigo deverão ser fundamentadas, caso a caso, vedadas as determinações de caráter geral.

Seção III
Dos Serviços Auxiliares

Art. 150. Cabe ao Poder Judiciário, na elaboração de sua proposta orçamentária, prever recursos para manutenção de equipe interprofissional, destinada a assessorar a Justiça da Infância e da Juventude.

Art. 151. Compete à equipe interprofissional dentre outras atribuições que lhe forem reservadas pela legislação local, fornecer subsídios por escrito, mediante laudos, ou verbalmente, na audiência, e bem assim desenvolver trabalhos de aconselhamento, orientação, encaminhamento, prevenção e outros, tudo sob a imediata subordinação à autoridade judiciária, assegurada a livre manifestação do ponto de vista técnico.

CAPÍTULO III
DOS PROCEDIMENTOS

Seção I
Disposições Gerais

Art. 152. Aos procedimentos regulados nesta Lei aplicam-se subsidiariamente as normas gerais previstas na legislação processual pertinente.

Parágrafo único. É assegurada, sob pena de responsabilidade, prioridade absoluta na tramitação dos processos e procedimentos previstos nesta Lei, assim como na execução dos atos e diligências judiciais a eles referentes. (Incluído pela Lei nº 12.010, de 2009.)

Art. 153. Se a medida judicial a ser adotada não corresponder a procedimento previsto nesta ou em outra lei, a autoridade judiciária poderá investigar os fatos e ordenar de ofício as providências necessárias, ouvido o Ministério Público.

Parágrafo único. O disposto neste artigo não se aplica para o fim de afastamento da criança ou do adolescente de sua família de origem e em outros procedimentos necessariamente contenciosos. (Incluído pela Lei nº 12.010, de 2009.)

Art. 154. Aplica-se às multas o disposto no art. 214.

Seção II
Da Perda e da Suspensão do ~~Pátrio Poder~~ Poder Familiar (Expressão substituída pela Lei nº 12.010, de 2009)

Art. 155. O procedimento para a perda ou a suspensão do ~~pátrio poder~~ poder familiar terá início por provocação do Ministério Público ou de quem tenha legítimo interesse. (Expressão substituída pela Lei nº 12.010, de 2009.)

Art. 156. A petição inicial indicará:

I — a autoridade judiciária a que for dirigida;

II — o nome, o estado civil, a profissão e a residência do requerente e do requerido, dispensada a qualificação em se tratando de pedido formulado por representante do Ministério Público;

III — a exposição sumária do fato e o pedido;

IV — as provas que serão produzidas, oferecendo, desde logo, o rol de testemunhas e documentos.

Art. 157. Havendo motivo grave, poderá a autoridade judiciária, ouvido o Ministério Público, decretar a suspensão do ~~pátrio poder~~ poder familiar, liminar ou incidentalmente, até o julgamento definitivo da causa, ficando a criança ou adolescente confiado a pessoa idônea, mediante termo de responsabilidade. (Expressão substituída pela Lei nº 12.010, de 2009.)

Art. 158. O requerido será citado para, no prazo de dez dias, oferecer resposta escrita, indicando as provas a serem produzidas e oferecendo desde logo o rol de testemunhas e documentos.

~~**Parágrafo único.** Deverão ser esgotados todos os meios para a citação pessoal.~~

§ 1º A citação será pessoal, salvo se esgotados todos os meios para sua realização. (Incluído pela Lei nº 12.962, de 8 abril de 2014.)

§ 2º O requerido privado de liberdade deverá ser citado pessoalmente." (NR) (Incluído pela Lei nº 12.962, de 8 abril de 2014.)

Art. 159. Se o requerido não tiver possibilidade de constituir advogado, sem prejuízo do próprio sustento e de sua família, poderá requerer, em cartório, que lhe seja nomeado dativo, ao qual incumbirá a apresentação de resposta, contando-se o prazo a partir da intimação do despacho de nomeação.

Parágrafo único. Na hipótese de requerido privado de liberdade, o oficial de justiça deverá perguntar, no momento da citação pessoal, se deseja que lhe seja nomeado defensor. (NR) (Incluído pela Lei nº 12.962, de 8 abril de 2014.)

Art. 160. Sendo necessário, a autoridade judiciária requisitará de qualquer repartição ou órgão público a apresentação de documento que interesse à causa, de ofício ou a requerimento das partes ou do Ministério Público.

Art. 161. Não sendo contestado o pedido, a autoridade judiciária dará vista dos autos ao Ministério Público, por cinco dias, salvo quando este for o requerente, decidindo em igual prazo.

~~§ 1º Havendo necessidade, a autoridade judiciária poderá determinar a realização de estudo social ou perícia por equipe interprofissional, bem como a oitiva de testemunhas.~~

~~§ 2º Se o pedido importar em modificação de guarda, será obrigatória, desde que possível e razoável, a oitiva da criança ou adolescente.~~

§ 1º A autoridade judiciária, de ofício ou a requerimento das partes ou do Ministério Público, determinará a realização de estudo social ou perícia por equipe interprofissional ou multidisciplinar, bem como a oitiva de testemunhas que comprovem a presença de uma das causas de suspensão ou destituição do poder familiar previstas nos arts. 1.637 e 1.638 da Lei nº 10.406, de 10 de janeiro de 2002 — Código Civil, ou no art. 24 desta Lei. (Redação dada pela Lei nº 12.010, de 2009.)

§ 2º Em sendo os pais oriundos de comunidades indígenas, é ainda obrigatória a intervenção, junto à equipe profissional ou multidisciplinar referida no § 1º deste artigo, de representantes do órgão federal responsável pela política indigenista, observado o disposto no § 6º do art. 28 desta Lei. (Redação dada pela Lei nº 12.010, de 2009.)

§ 3º Se o pedido importar em modificação de guarda, será obrigatória, desde que possível e razoável, a oitiva da criança ou adolescente, respeitado seu estágio de desenvolvimento e grau de compreensão sobre as implicações da medida. (Incluído pela Lei nº 12.010, de 2009.)

§ 4º É obrigatória a oitiva dos pais sempre que esses forem identificados e estiverem em local conhecido. (Incluído pela Lei nº 12.010, de 2009.)

§ 5º Se o pai ou a mãe estiverem privados de liberdade, a autoridade judicial requisitará sua apresentação para a oitiva." (NR) (Incluído pela Lei nº 12.962, de 8 abril de 2014.)

Art. 162. Apresentada a resposta, a autoridade judiciária dará vista dos autos ao Ministério Público, por cinco dias, salvo quando este for o requerente, designando, desde logo, audiência de instrução e julgamento.

§ 1º A requerimento de qualquer das partes, do Ministério Público, ou de ofício, a autoridade judiciária poderá determinar a realização de estudo social ou, se possível, de perícia por equipe interprofissional.

§ 2º Na audiência, presentes as partes e o Ministério Público, serão ouvidas as testemunhas, colhendo-se oralmente o parecer técnico, salvo quando apresentado por escrito, manifestando-se sucessivamente o requerente, o requerido e o Ministério Público, pelo tempo de vinte minutos cada um, prorrogável por mais dez. A decisão será proferida na audiência, podendo a autoridade judiciária, excepcionalmente, designar data para sua leitura no prazo máximo de cinco dias.

~~**Art. 163.** A sentença que decretar a perda ou a suspensão do pátrio poder poder familiar será averbada à margem do registro de nascimento da criança ou adolescente. (Expressão substituída pela Lei nº 12.010, de 2009.) Vigência~~

Art. 163. O prazo máximo para conclusão do procedimento será de 120 (cento e vinte) dias. (Redação dada pela Lei nº 12.010, de 2009.)

Parágrafo único. A sentença que decretar a perda ou a suspensão do poder familiar será averbada à margem do registro de nascimento da criança ou do adolescente. (Incluído pela Lei nº 12.010, de 2009.)

Seção III
Da Destituição da Tutela

Art. 164. Na destituição da tutela, observar-se-á o procedimento para a remoção de tutor previsto na lei processual civil e, no que couber, o disposto na seção anterior.

Seção IV
Da Colocação em Família Substituta

Art. 165. São requisitos para a concessão de pedidos de colocação em família substituta:

I — qualificação completa do requerente e de seu eventual cônjuge, ou companheiro, com expressa anuência deste;

II — indicação de eventual parentesco do requerente e de seu cônjuge, ou companheiro, com a criança ou adolescente, especificando se tem ou não parente vivo;

III — qualificação completa da criança ou adolescente e de seus pais, se conhecidos;

IV — indicação do cartório onde foi inscrito nascimento, anexando, se possível, uma cópia da respectiva certidão;

V — declaração sobre a existência de bens, direitos ou rendimentos relativos à criança ou ao adolescente.

Parágrafo único. Em se tratando de adoção, observar-se-ão também os requisitos específicos.

~~**Art. 166.** Se os pais forem falecidos, tiverem sido destituídos ou suspensos do pátrio poder poder familiar, ou houverem aderido expressamente ao pedido de colocação em família substituta, este poderá ser formulado diretamente em cartório, em petição assinada pelos próprios requerentes (Expressão substituída pela Lei nº 12.010, de 2009)~~

~~**Parágrafo único.** Na hipótese de concordância dos pais, eles serão ouvidos pela autoridade judiciária e pelo representante do Ministério Público, tomando-se por termo as declarações.~~

Art. 166. Se os pais forem falecidos, tiverem sido destituídos ou suspensos do poder familiar, ou houverem aderido expressamente ao pedido de colocação em família substituta, este poderá ser formulado diretamente em cartório, em petição assinada pelos próprios requerentes, dispensada a assistência de advogado. (Redação dada pela Lei nº 12.010, de 2009.)

§ 1º Na hipótese de concordância dos pais, esses serão ouvidos pela autoridade judiciária e pelo representante do Ministério Público, tomando-se por termo as declarações. (Incluído pela Lei nº 12.010, de 2009.)

§ 2º O consentimento dos titulares do poder familiar será precedido de orientações e esclarecimentos prestados pela equipe interprofissional da Justiça da Infância e da Juventude, em especial, no caso de adoção, sobre a irrevogabilidade da medida. (Incluído pela Lei nº 12.010, de 2009.)

§ 3º O consentimento dos titulares do poder familiar será colhido pela autoridade judiciária competente em audiência, presente o Ministério Público, garantida a livre manifestação de vontade e esgotados os esforços para manutenção da criança ou do adolescente na família natural ou extensa. (Incluído pela Lei nº 12.010, de 2009.)

§ 4º O consentimento prestado por escrito não terá validade se não for ratificado na audiência a que se refere o § 3º deste artigo. (Incluído pela Lei nº 12.010, de 2009.)

§ 5º O consentimento é retratável até a data da publicação da sentença constitutiva da adoção. (Incluído pela Lei nº 12.010, de 2009.)

§ 6º O consentimento somente terá valor se for dado após o nascimento da criança. (Incluído pela Lei nº 12.010, de 2009.)

§ 7º A família substituta receberá a devida orientação por intermédio de equipe técnica interprofissional a serviço do Poder Judiciário, preferencialmente com apoio dos técnicos responsáveis pela execução da política municipal de garantia do direito à convivência familiar. (Incluído pela Lei nº 12.010, de 2009.)

Art. 167. A autoridade judiciária, de ofício ou a requerimento das partes ou do Ministério Público, determinará a realização de estudo social ou, se possível, perícia por equipe interprofissional, decidindo sobre a concessão de guarda provisória, bem como, no caso de adoção, sobre o estágio de convivência.

Parágrafo único. Deferida a concessão da guarda provisória ou do estágio de convivência, a criança ou o adolescente será entregue ao interessado, mediante termo de responsabilidade. (Incluído pela Lei nº 12.010, de 2009.)

Art. 168. Apresentado o relatório social ou o laudo pericial, e ouvida, sempre que possível, a criança ou o adolescente, dar-se-á vista dos autos ao Ministério Público, pelo prazo de cinco dias, decidindo a autoridade judiciária em igual prazo.

Art. 169. Nas hipóteses em que a destituição da tutela, a perda ou a suspensão do ~~pátrio poder~~ poder familiar constituir pressuposto lógico da medida principal de colocação em família substituta, será observado o procedimento contraditório previsto nas Seções II e III deste Capítulo. (Expressão substituída pela Lei nº 12.010, de 2009.)

Parágrafo único. A perda ou a modificação da guarda poderá ser decretada nos mesmos autos do procedimento, observado o disposto no art. 35.

Art. 170. Concedida a guarda ou a tutela, observar-se-á o disposto no art. 32, e, quanto à adoção, o contido no art. 47.

Parágrafo único. A colocação de criança ou adolescente sob a guarda de pessoa inscrita em programa de acolhimento familiar será comunicada pela autoridade judiciária à entidade por este responsável no prazo máximo de 5 (cinco) dias. (Incluído pela Lei nº 12.010, de 2009.)

Seção V
Da Apuração de Ato Infracional Atribuído a Adolescente

Art. 171. O adolescente apreendido por força de ordem judicial será, desde logo, encaminhado à autoridade judiciária.

Art. 172. O adolescente apreendido em flagrante de ato infracional será, desde logo, encaminhado à autoridade policial competente.

Parágrafo único. Havendo repartição policial especializada para atendimento de adolescente e em se tratando de ato infracional praticado em coautoria com maior, prevalecerá a atribuição da repartição especializada, que, após as providências necessárias e conforme o caso, encaminhará o adulto à repartição policial própria.

Art. 173. Em caso de flagrante de ato infracional cometido mediante violência ou grave ameaça a pessoa, a autoridade policial, sem prejuízo do disposto nos arts. 106, parágrafo único, e 107, deverá:

I — lavrar auto de apreensão, ouvidos as testemunhas e o adolescente;

II — apreender o produto e os instrumentos da infração;

III — requisitar os exames ou perícias necessários à comprovação da materialidade e autoria da infração.

Parágrafo único. Nas demais hipóteses de flagrante, a lavratura do auto poderá ser substituída por boletim de ocorrência circunstanciada.

Art. 174. Comparecendo qualquer dos pais ou responsável, o adolescente será prontamente liberado pela autoridade policial, sob termo de compromisso e responsabilidade de sua apresentação ao representante do Ministério Público, no mesmo dia ou, sendo impossível, no primeiro dia útil imediato, exceto quando, pela gravidade do ato infracional e sua repercussão social, deva o adolescente permanecer sob internação para garantia de sua segurança pessoal ou manutenção da ordem pública.

Art. 175. Em caso de não liberação, a autoridade policial encaminhará, desde logo, o adolescente ao representante do Ministério Público, juntamente com cópia do auto de apreensão ou boletim de ocorrência.

§ 1° Sendo impossível a apresentação imediata, a autoridade policial encaminhará o adolescente à entidade de atendimento, que fará a apresentação ao representante do Ministério Público no prazo de vinte e quatro horas.

§ 2° Nas localidades onde não houver entidade de atendimento, a apresentação far-se-á pela autoridade policial. À falta de repartição policial especializada, o adolescente aguardará a apresentação em dependência separada da destinada a maiores, não podendo, em qualquer hipótese, exceder o prazo referido no parágrafo anterior.

Art. 176. Sendo o adolescente liberado, a autoridade policial encaminhará imediatamente ao representante do Ministério Público cópia do auto de apreensão ou boletim de ocorrência.

Art. 177. Se, afastada a hipótese de flagrante, houver indícios de participação de adolescente na prática de ato infracional, a autoridade policial encaminhará ao representante do Ministério Público relatório das investigações e demais documentos.

Art. 178. O adolescente a quem se atribua autoria de ato infracional não poderá ser conduzido ou transportado em compartimento fechado de veículo policial, em condições atentatórias à sua dignidade, ou que impliquem risco à sua integridade física ou mental, sob pena de responsabilidade.

Art. 179. Apresentado o adolescente, o representante do Ministério Público, no mesmo dia e à vista do auto de apreensão, boletim de ocorrência ou relatório policial, devidamente autuados pelo cartório judicial e com informação sobre os antecedentes do adolescente, procederá imediata e informalmente à sua oitiva e, em sendo possível, de seus pais ou responsável, vítima e testemunhas.

Parágrafo único. Em caso de não apresentação, o representante do Ministério Público notificará os pais ou responsável para apresentação do adolescente, podendo requisitar o concurso das polícias civil e militar.

Art. 180. Adotadas as providências a que alude o artigo anterior, o representante do Ministério Público poderá:

I — promover o arquivamento dos autos;

II — conceder a remissão;

III — representar à autoridade judiciária para aplicação de medida socioeducativa.

Art. 181. Promovido o arquivamento dos autos ou concedida a remissão pelo representante do Ministério Público, mediante termo fundamentado, que conterá o resumo dos fatos, os autos serão conclusos à autoridade judiciária para homologação.

§ 1º Homologado o arquivamento ou a remissão, a autoridade judiciária determinará, conforme o caso, o cumprimento da medida.

§ 2º Discordando, a autoridade judiciária fará remessa dos autos ao Procurador-Geral de Justiça, mediante despacho fundamentado, e este oferecerá representação, designará outro membro do Ministério Público para apresentá-la, ou ratificará o arquivamento ou a remissão, que só então estará a autoridade judiciária obrigada a homologar.

Art. 182. Se, por qualquer razão, o representante do Ministério Público não promover o arquivamento ou conceder a remissão, oferecerá representação à autoridade judiciária, propondo a instauração de procedimento para aplicação da medida socioeducativa que se afigurar a mais adequada.

§ 1º A representação será oferecida por petição, que conterá o breve resumo dos fatos e a classificação do ato infracional e, quando necessário, o rol de testemunhas, podendo ser deduzida oralmente, em sessão diária instalada pela autoridade judiciária.

§ 2º A representação independe de prova pré-constituída da autoria e materialidade.

Art. 183. O prazo máximo e improrrogável para a conclusão do procedimento, estando o adolescente internado provisoriamente, será de quarenta e cinco dias.

Art. 184. Oferecida a representação, a autoridade judiciária designará audiência de apresentação do adolescente, decidindo, desde logo, sobre a decretação ou manutenção da internação, observado o disposto no art. 108 e parágrafo.

§ 1º O adolescente e seus pais ou responsável serão cientificados do teor da representação, e notificados a comparecer à audiência, acompanhados de advogado.

§ 2º Se os pais ou responsável não forem localizados, a autoridade judiciária dará curador especial ao adolescente.

§ 3º Não sendo localizado o adolescente, a autoridade judiciária expedirá mandado de busca e apreensão, determinando o sobrestamento do feito, até a efetiva apresentação.

§ 4º Estando o adolescente internado, será requisitada a sua apresentação, sem prejuízo da notificação dos pais ou responsável.

Art. 185. A internação, decretada ou mantida pela autoridade judiciária, não poderá ser cumprida em estabelecimento prisional.

§ 1º Inexistindo na comarca entidade com as características definidas no art. 123, o adolescente deverá ser imediatamente transferido para a localidade mais próxima.

§ 2º Sendo impossível a pronta transferência, o adolescente aguardará sua remoção em repartição policial, desde que em seção isolada dos adultos e com instalações apropriadas, não podendo ultrapassar o prazo máximo de cinco dias, sob pena de responsabilidade.

Art. 186. Comparecendo o adolescente, seus pais ou responsável, a autoridade judiciária procederá à oitiva dos mesmos, podendo solicitar opinião de profissional qualificado.

§ 1º Se a autoridade judiciária entender adequada a remissão, ouvirá o representante do Ministério Público, proferindo decisão.

§ 2º Sendo o fato grave, passível de aplicação de medida de internação ou colocação em regime de semiliberdade, a autoridade judiciária, verificando que o adolescente não possui advogado constituído, nomeará defensor, designando, desde logo, audiência em continuação, podendo determinar a realização de diligências e estudo do caso.

§ 3º O advogado constituído ou o defensor nomeado, no prazo de três dias contado da audiência de apresentação, oferecerá defesa prévia e rol de testemunhas.

§ 4º Na audiência em continuação, ouvidas as testemunhas arroladas na representação e na defesa prévia, cumpridas as diligências e juntado o relatório da equipe interprofissional, será dada a palavra ao representante do Ministério Público e ao defensor, sucessivamente, pelo tempo de vinte minutos para cada um, prorrogável por mais dez, a critério da autoridade judiciária, que em seguida proferirá decisão.

Art. 187. Se o adolescente, devidamente notificado, não comparecer, injustificadamente à audiência de apresentação, a autoridade judiciária designará nova data, determinando sua condução coercitiva.

Art. 188. A remissão, como forma de extinção ou suspensão do processo, poderá ser aplicada em qualquer fase do procedimento, antes da sentença.

Art. 189. A autoridade judiciária não aplicará qualquer medida, desde que reconheça na sentença:

I — estar provada a inexistência do fato;

II — não haver prova da existência do fato;

III — não constituir o fato ato infracional;

IV — não existir prova de ter o adolescente concorrido para o ato infracional.

Parágrafo único. Na hipótese deste artigo, estando o adolescente internado, será imediatamente colocado em liberdade.

Art. 190. A intimação da sentença que aplicar medida de internação ou regime de semiliberdade será feita:

I — ao adolescente e ao seu defensor;

II — quando não for encontrado o adolescente, a seus pais ou responsável, sem prejuízo do defensor.

§ 1º Sendo outra a medida aplicada, a intimação far-se-á unicamente na pessoa do defensor.

§ 2º Recaindo a intimação na pessoa do adolescente, deverá este manifestar se deseja ou não recorrer da sentença.

Para acessar a lei na página do Governo Federal: <http://www.planalto.gov.br/ccivil_03/leis/l8069.htm>. Acesso em:

2

Lei nº 12.594, de 18 de janeiro de 2012 — Sistema Nacional de Atendimento Socioeducativo (Sinase)

Institui o Sistema Nacional de Atendimento Socioeducativo (Sinase), regulamenta a execução das medidas socioeducativas destinadas a adolescente que pratique ato infracional; e altera as Leis nºs 8.069, de 13 de julho de 1990 (Estatuto da Criança e do Adolescente); 7.560, de 19 de dezembro de 1986, 7.998, de 11 de janeiro de 1990, 5.537, de 21 de novembro de 1968, 8.315, de 23 de dezembro de 1991, 8.706, de 14 de setembro de 1993, os Decretos-leis nºs 4.048, de 22 de janeiro de 1942, 8.621, de 10 de janeiro de 1946, e a Consolidação das Leis do Trabalho (CLT), aprovada pelo Decreto-Lei nº 5.452, de 1º de maio de 1943.

A PRESIDENTA DA REPÚBLICA

Faço saber que o Congresso Nacional decreta e eu sanciono a seguinte Lei:

TÍTULO I
Do Sistema Nacional de Atendimento Socioeducativo (Sinase)

CAPÍTULO I
DISPOSIÇÕES GERAIS

Art. 1º Esta Lei institui o Sistema Nacional de Atendimento Socioeducativo (Sinase) e regulamenta a execução das medidas destinadas a adolescente que pratique ato infracional.

§ 1º Entende-se por Sinase o conjunto ordenado de princípios, regras e critérios que envolvem a execução de medidas socioeducativas, incluindo-se nele, por adesão, os sistemas estaduais, distrital e municipais, bem como todos os planos, políticas e programas específicos de atendimento a adolescente em conflito com a lei.

§ 2º Entendem-se por medidas socioeducativas as previstas no art. 112 da Lei nº 8.069, de 13 de julho de 1990 (Estatuto da Criança e do Adolescente), as quais têm por objetivos:

I — a responsabilização do adolescente quanto às consequências lesivas do ato infracional, sempre que possível incentivando a sua reparação;

II — a integração social do adolescente e a garantia de seus direitos individuais e sociais, por meio do cumprimento de seu plano individual de atendimento; e

III — a desaprovação da conduta infracional, efetivando as disposições da sentença como parâmetro máximo de privação de liberdade ou restrição de direitos, observados os limites previstos em lei.

§ 3º Entendem-se por programa de atendimento a organização e o funcionamento, por unidade, das condições necessárias para o cumprimento das medidas socioeducativas.

§ 4º Entende-se por unidade a base física necessária para a organização e o funcionamento de programa de atendimento.

§ 5º Entendem-se por entidade de atendimento a pessoa jurídica de direito público ou privado que instala e mantém a unidade e os recursos humanos e materiais necessários ao desenvolvimento de programas de atendimento.

Art. 2º O Sinase será coordenado pela União e integrado pelos sistemas estaduais, distrital e municipais responsáveis pela implementação dos seus respectivos programas de atendimento a adolescente ao qual seja aplicada medida socioeducativa, com liberdade de organização e funcionamento, respeitados os termos desta Lei.

CAPÍTULO II
DAS COMPETÊNCIAS

Art. 3º Compete à União:

I — formular e coordenar a execução da política nacional de atendimento socioeducativo;

II — elaborar o Plano Nacional de Atendimento Socioeducativo, em parceria com os Estados, o Distrito Federal e os Municípios;

III — prestar assistência técnica e suplementação financeira aos Estados, ao Distrito Federal e aos Municípios para o desenvolvimento de seus sistemas;

IV — instituir e manter o Sistema Nacional de Informações sobre o Atendimento Socioeducativo, seu funcionamento, entidades, programas, incluindo dados relativos a financiamento e população atendida;

V — contribuir para a qualificação e ação em rede dos Sistemas de Atendimento Socioeducativo;

VI — estabelecer diretrizes sobre a organização e funcionamento das unidades e programas de atendimento e as normas de referência destinadas ao cumprimento das medidas socioeducativas de internação e semiliberdade;

VII — instituir e manter processo de avaliação dos Sistemas de Atendimento Socioeducativo, seus planos, entidades e programas;

VIII — financiar, com os demais entes federados, a execução de programas e serviços do Sinase; e

IX — garantir a publicidade de informações sobre repasses de recursos aos gestores estaduais, distrital e municipais, para financiamento de programas de atendimento socioeducativo.

§ 1º São vedados à União o desenvolvimento e a oferta de programas próprios de atendimento.

§ 2º Ao Conselho Nacional dos Direitos da Criança e do Adolescente (Conanda) competem as funções normativa, deliberativa, de avaliação e de fiscalização do Sinase, nos termos previstos na Lei nº 8.242, de 12 de outubro de 1991, que cria o referido Conselho.

§ 3º O Plano de que trata o inciso II do *caput* deste artigo será submetido à deliberação do Conanda.

§ 4º À Secretaria de Direitos Humanos da Presidência da República (SDH/PR) competem as funções executiva e de gestão do Sinase.

Art. 4º Compete aos Estados:

I — formular, instituir, coordenar e manter o Sistema Estadual de Atendimento Socioeducativo, respeitadas as diretrizes fixadas pela União;

II — elaborar o Plano Estadual de Atendimento Socioeducativo em conformidade com o Plano Nacional;

III — criar, desenvolver e manter programas para a execução das medidas socioeducativas de semiliberdade e internação;

IV — editar normas complementares para a organização e funcionamento do seu sistema de atendimento e dos sistemas municipais;

V — estabelecer com os Municípios formas de colaboração para o atendimento socioeducativo em meio aberto;

VI — prestar assessoria técnica e suplementação financeira aos Municípios para a oferta regular de programas de meio aberto;

VII — garantir o pleno funcionamento do plantão interinstitucional, nos termos previstos no inciso V do art. 88 da Lei nº 8.069, de 13 de julho de 1990 (Estatuto da Criança e do Adolescente);

VIII — garantir defesa técnica do adolescente a quem se atribua prática de ato infracional;

IX — cadastrar-se no Sistema Nacional de Informações sobre o Atendimento Socioeducativo e fornecer regularmente os dados necessários ao povoamento e à atualização do Sistema; e

X — cofinanciar, com os demais entes federados, a execução de programas e ações destinados ao atendimento inicial de adolescente apreendido para apuração de ato infracional, bem como aqueles destinados a adolescente a quem foi aplicada medida socioeducativa privativa de liberdade.

§ 1º Ao Conselho Estadual dos Direitos da Criança e do Adolescente competem as funções deliberativas e de controle do Sistema Estadual de Atendimento Socioeducativo, nos termos previstos no inciso II do art. 88 da Lei nº 8.069, de 13 de julho de 1990 (Estatuto da Criança e do Adolescente), bem como outras definidas na legislação estadual ou distrital.

§ 2º O Plano de que trata o inciso II do *caput* deste artigo será submetido à deliberação do Conselho Estadual dos Direitos da Criança e do Adolescente.

§ 3º Competem ao órgão a ser designado no Plano de que trata o inciso II do *caput* deste artigo as funções executiva e de gestão do Sistema Estadual de Atendimento Socioeducativo.

Art. 5º Compete aos Municípios:

I — formular, instituir, coordenar e manter o Sistema Municipal de Atendimento Socioeducativo, respeitadas as diretrizes fixadas pela União e pelo respectivo Estado;

II — elaborar o Plano Municipal de Atendimento Socioeducativo, em conformidade com o Plano Nacional e o respectivo Plano Estadual;

III — criar e manter programas de atendimento para a execução das medidas socioeducativas em meio aberto;

IV — editar normas complementares para a organização e funcionamento dos programas do seu Sistema de Atendimento Socioeducativo;

V — cadastrar-se no Sistema Nacional de Informações sobre o Atendimento Socioeducativo e fornecer regularmente os dados necessários ao povoamento e à atualização do Sistema; e

VI — cofinanciar, conjuntamente com os demais entes federados, a execução de programas e ações destinados ao atendimento inicial de adolescente apreendido para apuração de ato infracional, bem como aqueles destinados a adolescente a quem foi aplicada medida socioeducativa em meio aberto.

§ 1º Para garantir a oferta de programa de atendimento socioeducativo de meio aberto, os Municípios podem instituir os consórcios dos quais trata a Lei nº 11.107, de 6 de abril de 2005, que dispõe sobre normas gerais de contratação de consórcios públicos e dá outras providências, ou qualquer outro instrumento jurídico adequado, como forma de compartilhar responsabilidades.

§ 2º Ao Conselho Municipal dos Direitos da Criança e do Adolescente competem as funções deliberativas e de controle do Sistema Municipal de Atendimento Socioeducativo, nos termos previstos no inciso II do art. 88 da Lei nº 8.069, de 13 de julho de 1990 (Estatuto da Criança e do Adolescente), bem como outras definidas na legislação municipal.

§ 3º O Plano de que trata o inciso II do *caput* deste artigo será submetido à deliberação do Conselho Municipal dos Direitos da Criança e do Adolescente.

§ 4º Competem ao órgão a ser designado no Plano de que trata o inciso II do *caput* deste artigo as funções executiva e de gestão do Sistema Municipal de Atendimento Socioeducativo.

Art. 6º Ao Distrito Federal cabem, cumulativamente, as competências dos Estados e dos Municípios.

CAPÍTULO III
DOS PLANOS DE ATENDIMENTO SOCIOEDUCATIVO

Art. 7º O Plano de que trata o inciso II do art. 3º desta Lei deverá incluir um diagnóstico da situação do Sinase, as diretrizes, os objetivos, as metas, as prioridades e as formas de financiamento e gestão das ações de atendimento para os 10 (dez) anos seguintes, em sintonia com os princípios elencados na Lei nº 8.069, de 13 de julho de 1990 (Estatuto da Criança e do Adolescente).

§ 1º As normas nacionais de referência para o atendimento socioeducativo devem constituir anexo ao Plano de que trata o inciso II do art. 3º desta Lei.

§ 2º Os Estados, o Distrito Federal e os Municípios deverão, com base no Plano Nacional de Atendimento Socioeducativo, elaborar seus planos decenais correspondentes, em até 360 (trezentos e sessenta) dias a partir da aprovação do Plano Nacional.

Art. 8º Os Planos de Atendimento Socioeducativo deverão, obrigatoriamente, prever ações articuladas nas áreas de educação, saúde, assistência social, cultura, capacitação para o trabalho e esporte, para os adolescentes atendidos, em conformidade com os princípios elencados na Lei nº 8.069, de 13 de julho de 1990 (Estatuto da Criança e do Adolescente).

Parágrafo único. Os Poderes Legislativos federal, estaduais, distrital e municipais, por meio de suas comissões temáticas pertinentes, acompanharão a execução dos Planos de Atendimento Socioeducativo dos respectivos entes federados.

CAPÍTULO IV
DOS PROGRAMAS DE ATENDIMENTO

Seção I
Disposições Gerais

Art. 9º Os Estados e o Distrito Federal inscreverão seus programas de atendimento e alterações no Conselho Estadual ou Distrital dos Direitos da Criança e do Adolescente, conforme o caso.

Art. 10. Os Municípios inscreverão seus programas e alterações, bem como as entidades de atendimento executoras, no Conselho Municipal dos Direitos da Criança e do Adolescente.

Art. 11. Além da especificação do regime, são requisitos obrigatórios para a inscrição de programa de atendimento:

I — a exposição das linhas gerais dos métodos e técnicas pedagógicas, com a especificação das atividades de natureza coletiva;

II — a indicação da estrutura material, dos recursos humanos e das estratégias de segurança compatíveis com as necessidades da respectiva unidade;

III — regimento interno que regule o funcionamento da entidade, no qual deverá constar, no mínimo:

a) o detalhamento das atribuições e responsabilidades do dirigente, de seus prepostos, dos membros da equipe técnica e dos demais educadores;

b) a previsão das condições do exercício da disciplina e concessão de benefícios e o respectivo procedimento de aplicação; e

c) a previsão da concessão de benefícios extraordinários e enaltecimento, tendo em vista tornar público o reconhecimento ao adolescente pelo esforço realizado na consecução dos objetivos do plano individual;

IV — a política de formação dos recursos humanos;

V — a previsão das ações de acompanhamento do adolescente após o cumprimento de medida socioeducativa;

VI — a indicação da equipe técnica, cuja quantidade e formação devem estar em conformidade com as normas de referência do sistema e dos conselhos profissionais e com o atendimento socioeducativo a ser realizado; e

VII — a adesão ao Sistema de Informações sobre o Atendimento Socioeducativo, bem como sua operação efetiva.

Parágrafo único. O não cumprimento do previsto neste artigo sujeita as entidades de atendimento, os órgãos gestores, seus dirigentes ou prepostos à aplicação das medidas previstas no art. 97 da Lei nº 8.069, de 13 de julho de 1990 (Estatuto da Criança e do Adolescente).

Art. 12. A composição da equipe técnica do programa de atendimento deverá ser interdisciplinar, compreendendo, no mínimo, profissionais das áreas de saúde, educação e assistência social, de acordo com as normas de referência.

§ 1º Outros profissionais podem ser acrescentados às equipes para atender necessidades específicas do programa.

§ 2º Regimento interno deve discriminar as atribuições de cada profissional, sendo proibida a sobreposição dessas atribuições na entidade de atendimento.

§ 3º O não cumprimento do previsto neste artigo sujeita as entidades de atendimento, seus dirigentes ou prepostos à aplicação das medidas previstas no art. 97 da Lei nº 8.069, de 13 de julho de 1990 (Estatuto da Criança e do Adolescente).

Seção II
Dos Programas de Meio Aberto

Art. 13. Compete à direção do programa de prestação de serviços à comunidade ou de liberdade assistida:

I — selecionar e credenciar orientadores, designando-os, caso a caso, para acompanhar e avaliar o cumprimento da medida;

II — receber o adolescente e seus pais ou responsável e orientá-los sobre a finalidade da medida e a organização e funcionamento do programa;

III — encaminhar o adolescente para o orientador credenciado;

IV — supervisionar o desenvolvimento da medida; e

V — avaliar, com o orientador, a evolução do cumprimento da medida e, se necessário, propor à autoridade judiciária sua substituição, suspensão ou extinção.

Parágrafo único. O rol de orientadores credenciados deverá ser comunicado, semestralmente, à autoridade judiciária e ao Ministério Público.

Art. 14. Incumbe ainda à direção do programa de medida de prestação de serviços à comunidade selecionar e credenciar entidades assistenciais, hospitais, escolas ou outros estabelecimentos congêneres, bem como os programas comunitários ou governamentais, de acordo com o perfil do socioeducando e o ambiente no qual a medida será cumprida.

Parágrafo único. Se o Ministério Público impugnar o credenciamento, ou a autoridade judiciária considerá-lo inadequado, instaurará incidente de impugnação, com a aplicação subsidiária do procedimento de apuração de irregularidade em entidade de atendimento regulamentado na Lei nº 8.069, de 13 de julho de 1990 (Estatuto da Criança e do Adolescente), devendo citar o dirigente do programa e a direção da entidade ou órgão credenciado.

Seção III
Dos Programas de Privação da Liberdade

Art. 15. São requisitos específicos para a inscrição de programas de regime de semiliberdade ou internação:

I — a comprovação da existência de estabelecimento educacional com instalações adequadas e em conformidade com as normas de referência;

II — a previsão do processo e dos requisitos para a escolha do dirigente;

III — a apresentação das atividades de natureza coletiva;

IV — a definição das estratégias para a gestão de conflitos, vedada a previsão de isolamento cautelar, exceto nos casos previstos no § 2º do art. 49 desta Lei; e

V — a previsão de regime disciplinar nos termos do art. 72 desta Lei.

Art. 16. A estrutura física da unidade deverá ser compatível com as normas de referência do Sinase.

§ 1º É vedada a edificação de unidades socioeducacionais em espaços contíguos, anexos, ou de qualquer outra forma integrados a estabelecimentos penais.

§ 2º A direção da unidade adotará, em caráter excepcional, medidas para proteção do interno em casos de risco à sua integridade física, à sua vida, ou à de outrem, comunicando, de imediato, seu defensor e o Ministério Público.

Art. 17. Para o exercício da função de dirigente de programa de atendimento em regime de semiliberdade ou de internação, além dos requisitos específicos previstos no respectivo programa de atendimento, é necessário:

I — formação de nível superior compatível com a natureza da função;

II — comprovada experiência no trabalho com adolescentes de, no mínimo, 2 (dois) anos; e

III — reputação ilibada.

CAPÍTULO V
DA AVALIAÇÃO E ACOMPANHAMENTO DA GESTÃO DO ATENDIMENTO SOCIOEDUCATIVO

Art. 18. A União, em articulação com os Estados, o Distrito Federal e os Municípios, realizará avaliações periódicas da implementação dos Planos de Atendimento Socioeducativo em intervalos não superiores a 3 (três) anos.

§ 1º O objetivo da avaliação é verificar o cumprimento das metas estabelecidas e elaborar recomendações aos gestores e operadores dos Sistemas.

§ 2º O processo de avaliação deverá contar com a participação de representantes do Poder Judiciário, do Ministério Público, da Defensoria Pública e dos Conselhos Tutelares, na forma a ser definida em regulamento.

§ 3º A primeira avaliação do Plano Nacional de Atendimento Socioeducativo realizar-se-á no terceiro ano de vigência desta Lei, cabendo ao Poder Legislativo federal acompanhar o trabalho por meio de suas comissões temáticas pertinentes.

Art. 19. É instituído o Sistema Nacional de Avaliação e Acompanhamento do Atendimento Socioeducativo, com os seguintes objetivos:

I — contribuir para a organização da rede de atendimento socioeducativo;

II — assegurar conhecimento rigoroso sobre as ações do atendimento socioeducativo e seus resultados;

III — promover a melhora da qualidade da gestão e do atendimento socioeducativo; e

IV — disponibilizar informações sobre o atendimento socioeducativo.

§ 1º A avaliação abrangerá, no mínimo, a gestão, as entidades de atendimento, os programas e os resultados da execução das medidas socioeducativas.

§ 2º Ao final da avaliação, será elaborado relatório contendo histórico e diagnóstico da situação, as recomendações e os prazos para que essas sejam cumpridas, além de outros elementos a serem definidos em regulamento.

§ 3º O relatório da avaliação deverá ser encaminhado aos respectivos Conselhos de Direitos, Conselhos Tutelares e ao Ministério Público.

§ 4º Os gestores e entidades têm o dever de colaborar com o processo de avaliação, facilitando o acesso às suas instalações, à documentação e a todos os elementos necessários ao seu efetivo cumprimento.

§ 5º O acompanhamento tem por objetivo verificar o cumprimento das metas dos Planos de Atendimento Socioeducativo.

Art. 20. O Sistema Nacional de Avaliação e Acompanhamento da Gestão do Atendimento Socioeducativo assegurará, na metodologia a ser empregada:

I — a realização da autoavaliação dos gestores e das instituições de atendimento;

II — a avaliação institucional externa, contemplando a análise global e integrada das instalações físicas, relações institucionais, compromisso social, atividades e finalidades das instituições de atendimento e seus programas;

III — o respeito à identidade e à diversidade de entidades e programas;

IV — a participação do corpo de funcionários das entidades de atendimento e dos Conselhos Tutelares da área de atuação da entidade avaliada; e

V — o caráter público de todos os procedimentos, dados e resultados dos processos avaliativos.

Art. 21. A avaliação será coordenada por uma comissão permanente e realizada por comissões temporárias, essas compostas, no mínimo, por 3 (três) especialistas com reconhecida atuação na área temática e definidas na forma do regulamento.

Parágrafo único. É vedado à comissão permanente designar avaliadores:

I — que sejam titulares ou servidores dos órgãos gestores avaliados ou funcionários das entidades avaliadas;

II — que tenham relação de parentesco até o 3º grau com titulares ou servidores dos órgãos gestores avaliados e/ou funcionários das entidades avaliadas; e

III — que estejam respondendo a processos criminais.

Art. 22. A avaliação da gestão terá por objetivo:

I — verificar se o planejamento orçamentário e sua execução se processam de forma compatível com as necessidades do respectivo Sistema de Atendimento Socioeducativo;

II — verificar a manutenção do fluxo financeiro, considerando as necessidades operacionais do atendimento socioeducativo, as normas de referência e as condições previstas nos instrumentos jurídicos celebrados entre os órgãos gestores e as entidades de atendimento;

III — verificar a implementação de todos os demais compromissos assumidos por ocasião da celebração dos instrumentos jurídicos relativos ao atendimento socioeducativo; e

IV — a articulação interinstitucional e intersetorial das políticas.

Art. 23. A avaliação das entidades terá por objetivo identificar o perfil e o impacto de sua atuação, por meio de suas atividades, programas e projetos, considerando as diferentes dimensões institucionais e, entre elas, obrigatoriamente, as seguintes:

I — o plano de desenvolvimento institucional;

II — a responsabilidade social, considerada especialmente sua contribuição para a inclusão social e o desenvolvimento socioeconômico do adolescente e de sua família;

III — a comunicação e o intercâmbio com a sociedade;

IV — as políticas de pessoal quanto à qualificação, aperfeiçoamento, desenvolvimento profissional e condições de trabalho;

V — a adequação da infraestrutura física às normas de referência;

VI — o planejamento e a autoavaliação quanto aos processos, resultados, eficiência e eficácia do projeto pedagógico e da proposta socioeducativa;

VII — as políticas de atendimento para os adolescentes e suas famílias;

VIII — a atenção integral à saúde dos adolescentes em conformidade com as diretrizes do art. 60 desta Lei; e

IX — a sustentabilidade financeira.

Art. 24. A avaliação dos programas terá por objetivo verificar, no mínimo, o atendimento ao que determinam os arts. 94, 100, 117, 119, 120, 123 e 124 da Lei nº 8.069, de 13 de julho de 1990 (Estatuto da Criança e do Adolescente).

Art. 25. A avaliação dos resultados da execução de medida socioeducativa terá por objetivo, no mínimo:

I — verificar a situação do adolescente após cumprimento da medida socioeducativa, tomando por base suas perspectivas educacionais, sociais, profissionais e familiares; e

II — verificar reincidência de prática de ato infracional.

Art. 26. Os resultados da avaliação serão utilizados para:

I — planejamento de metas e eleição de prioridades do Sistema de Atendimento Socioeducativo e seu financiamento;

II — reestruturação e/ou ampliação da rede de atendimento socioeducativo, de acordo com as necessidades diagnosticadas;

III — adequação dos objetivos e da natureza do atendimento socioeducativo prestado pelas entidades avaliadas;

IV — celebração de instrumentos de cooperação com vistas à correção de problemas diagnosticados na avaliação;

V — reforço de financiamento para fortalecer a rede de atendimento socioeducativo;

VI — melhorar e ampliar a capacitação dos operadores do Sistema de Atendimento Socioeducativo; e

VII — os efeitos do art. 95 da Lei nº 8.069, de 13 de julho de 1990 (Estatuto da Criança e do Adolescente).

Parágrafo único. As recomendações originadas da avaliação deverão indicar prazo para seu cumprimento por parte das entidades de atendimento e dos gestores avaliados, ao fim do qual estarão sujeitos às medidas previstas no art. 28 desta Lei.

Art. 27. As informações produzidas a partir do Sistema Nacional de Informações sobre Atendimento Socioeducativo serão utilizadas para subsidiar a avaliação, o acompanhamento, a gestão e o financiamento dos Sistemas Nacional, Distrital, Estaduais e Municipais de Atendimento Socioeducativo.

CAPÍTULO VI
DA RESPONSABILIZAÇÃO DOS GESTORES, OPERADORES E ENTIDADES DE ATENDIMENTO

Art.28. No caso do desrespeito, mesmo que parcial, ou do não cumprimento integral às diretrizes e determinações desta Lei, em todas as esferas, são sujeitos:

I — gestores, operadores e seus prepostos e entidades governamentais às medidas previstas no inciso I e no § 1º do art. 97 da Lei nº 8.069, de 13 de julho de 1990 (Estatuto da Criança e do Adolescente); e

II — entidades não governamentais, seus gestores, operadores e prepostos às medidas previstas no inciso II e no § 1º do art. 97 da Lei nº 8.069, de 13 de julho de 1990 (Estatuto da Criança e do Adolescente).

Parágrafo único. A aplicação das medidas previstas neste artigo dar-se-á a partir da análise de relatório circunstanciado elaborado após as avaliações, sem prejuízo do que determinam os arts. 191 a 197, 225 a 227, 230 a 236, 243 e 245 a 247 da Lei nº 8.069, de 13 de julho de 1990 (Estatuto da Criança e do Adolescente).

Art. 29. Àqueles que, mesmo não sendo agentes públicos, induzam ou concorram, sob qualquer forma, direta ou indireta, para o não cumprimento desta Lei, aplicam-se, no que couber, as penalidades dispostas na Lei nº 8.429, de 2 de junho de 1992, que dispõe sobre as sanções aplicáveis aos agentes públicos nos casos de enriquecimento ilícito no exercício de mandato, cargo, emprego ou função na administração pública direta, indireta ou fundacional e dá outras providências (Lei de Improbidade Administrativa).

CAPÍTULO VII
DO FINANCIAMENTO E DAS PRIORIDADES

Art. 30. O Sinase será cofinanciado com recursos dos orçamentos fiscal e da seguridade social, além de outras fontes.

§ 1º (VETADO).

§ 2º Os entes federados que tenham instituído seus sistemas de atendimento socioeducativo terão acesso aos recursos na forma de transferência adotada pelos órgãos integrantes do Sinase.

§ 3º Os entes federados beneficiados com recursos dos orçamentos dos órgãos responsáveis pelas políticas integrantes do Sinase, ou de outras fontes, estão sujeitos às normas e procedimentos de monitoramento estabelecidos pelas instâncias dos órgãos das políticas setoriais envolvidas, sem prejuízo do disposto nos incisos IX e X do art. 4º, nos incisos V e VI do art. 5º e no art. 6º desta Lei.

Art. 31. Os Conselhos de Direitos, nas 3 (três) esferas de governo, definirão, anualmente, o percentual de recursos dos Fundos dos

Direitos da Criança e do Adolescente a serem aplicados no financiamento das ações previstas nesta Lei, em especial para capacitação, sistemas de informação e de avaliação.

Parágrafo único. Os entes federados beneficiados com recursos do Fundo dos Direitos da Criança e do Adolescente para ações de atendimento socioeducativo prestarão informações sobre o desempenho dessas ações por meio do Sistema de Informações sobre Atendimento Socioeducativo.

Art. 32. A Lei nº 7.560, de 19 de dezembro de 1986, passa a vigorar com as seguintes alterações:

> "**Art. 5º** Os recursos do Funad serão destinados:
>
> ....
>
> X — às entidades governamentais e não governamentais integrantes do Sistema Nacional de Atendimento Socioeducativo (Sinase);
>
> .... " (NR)
>
> "**Art. 5º-A.** A Secretaria Nacional de Políticas sobre Drogas (Senad), órgão gestor do Fundo Nacional Antidrogas (Funad), poderá financiar projetos das entidades do Sinase desde que:
>
> I — o ente federado de vinculação da entidade que solicita o recurso possua o respectivo Plano de Atendimento Socioeducativo aprovado;
>
> II — as entidades governamentais e não governamentais integrantes do Sinase que solicitem recursos tenham participado da avaliação nacional do atendimento socioeducativo;
>
> III — o projeto apresentado esteja de acordo com os pressupostos da Política Nacional sobre Drogas e legislação específica."

Art. 33. A Lei nº 7.998, de 11 de janeiro de 1990, passa a vigorar acrescida do seguinte art. 19-A:

> "**Art. 19-A.** O Codefat poderá priorizar projetos das entidades integrantes do Sistema Nacional de Atendimento Socioeducativo (Sinase) desde que:

I — o ente federado de vinculação da entidade que solicita o recurso possua o respectivo Plano de Atendimento Socioeducativo aprovado;

II — as entidades governamentais e não governamentais integrantes do Sinase que solicitem recursos tenham se submetido à avaliação nacional do atendimento socioeducativo."

Art. 34. O art. 2º da Lei nº 5.537, de 21 de novembro de 1968, passa a vigorar acrescido do seguinte § 3º:

"**Art. 2º** ....

....

§ 3º O fundo de que trata o art. 1º poderá financiar, na forma das resoluções de seu conselho deliberativo, programas e projetos de educação básica relativos ao Sistema Nacional de Atendimento Socioeducativo (Sinase) desde que:

I — o ente federado que solicitar o recurso possua o respectivo Plano de Atendimento Socioeducativo aprovado;

II — as entidades de atendimento vinculadas ao ente federado que solicitar o recurso tenham se submetido à avaliação nacional do atendimento socioeducativo; e

III — o ente federado tenha assinado o Plano de Metas Compromisso Todos pela Educação e elaborado o respectivo Plano de Ações Articuladas (PAR)." (NR)

TÍTULO II
Da Execução das Medidas Socioeducativas

CAPÍTULO I
DISPOSIÇÕES GERAIS

Art. 35. A execução das medidas socioeducativas reger-se-á pelos seguintes princípios:

I — legalidade, não podendo o adolescente receber tratamento mais gravoso do que o conferido ao adulto;

II — excepcionalidade da intervenção judicial e da imposição de medidas, favorecendo-se meios de autocomposição de conflitos;

III — prioridade a práticas ou medidas que sejam restaurativas e, sempre que possível, atendam às necessidades das vítimas;

IV — proporcionalidade em relação à ofensa cometida;

V — brevidade da medida em resposta ao ato cometido, em especial o respeito ao que dispõe o art. 122 da Lei nº 8.069, de 13 de julho de 1990 (Estatuto da Criança e do Adolescente);

VI — individualização, considerando-se a idade, capacidades e circunstâncias pessoais do adolescente;

VII — mínima intervenção, restrita ao necessário para a realização dos objetivos da medida;

VIII — não discriminação do adolescente, notadamente em razão de etnia, gênero, nacionalidade, classe social, orientação religiosa, política ou sexual, ou associação ou pertencimento a qualquer minoria ou *status*; e

IX — fortalecimento dos vínculos familiares e comunitários no processo socioeducativo.

CAPÍTULO II
DOS PROCEDIMENTOS

Art. 36. A competência para jurisdicionar a execução das medidas socioeducativas segue o determinado pelo art. 146 da Lei nº 8.069, de 13 de julho de 1990 (Estatuto da Criança e do Adolescente).

Art. 37. A defesa e o Ministério Público intervirão, sob pena de nulidade, no procedimento judicial de execução de medida socioeducativa, asseguradas aos seus membros as prerrogativas previstas na Lei nº 8.069, de 13 de julho de 1990 (Estatuto da Criança e do Adolescente), podendo requerer as providências necessárias para adequar a execução aos ditames legais e regulamentares.

Art. 38. As medidas de proteção, de advertência e de reparação do dano, quando aplicadas de forma isolada, serão executadas nos próprios autos do processo de conhecimento, respeitado o disposto nos arts. 143 e 144 da Lei nº 8.069, de 13 de julho de 1990 (Estatuto da Criança e do Adolescente).

Art. 39. Para aplicação das medidas socioeducativas de prestação de serviços à comunidade, liberdade assistida, semiliberdade ou internação, será constituído processo de execução para cada adolescente, respeitado o disposto nos arts. 143 e 144 da Lei nº 8.069, de 13 de julho de 1990 (Estatuto da Criança e do Adolescente), e com autuação das seguintes peças:

I — documentos de caráter pessoal do adolescente existentes no processo de conhecimento, especialmente os que comprovem sua idade; e

II — as indicadas pela autoridade judiciária, sempre que houver necessidade e, obrigatoriamente:

a) cópia da representação;

b) cópia da certidão de antecedentes;

c) cópia da sentença ou acórdão; e

d) cópia de estudos técnicos realizados durante a fase de conhecimento.

Parágrafo único. Procedimento idêntico será observado na hipótese de medida aplicada em sede de remissão, como forma de suspensão do processo.

Art. 40. Autuadas as peças, a autoridade judiciária encaminhará, imediatamente, cópia integral do expediente ao órgão gestor do atendimento socioeducativo, solicitando designação do programa ou da unidade de cumprimento da medida.

Art. 41. A autoridade judiciária dará vistas da proposta de plano individual de que trata o art. 53 desta Lei ao defensor e ao Ministério Público pelo prazo sucessivo de 3 (três) dias, contados do recebimento da proposta encaminhada pela direção do programa de atendimento.

§ 1º O defensor e o Ministério Público poderão requerer, e o Juiz da Execução poderá determinar, de ofício, a realização de qualquer avaliação ou perícia que entenderem necessárias para complementação do plano individual.

§ 2º A impugnação ou complementação do plano individual, requerida pelo defensor ou pelo Ministério Público, deverá ser fundamentada, podendo a autoridade judiciária indeferi-la, se entender insuficiente a motivação.

§ 3º Admitida a impugnação, ou se entender que o plano é inadequado, a autoridade judiciária designará, se necessário, audiência da qual cientificará o defensor, o Ministério Público, a direção do programa de atendimento, o adolescente e seus pais ou responsável.

§ 4º A impugnação não suspenderá a execução do plano individual, salvo determinação judicial em contrário.

§ 5º Findo o prazo sem impugnação, considerar-se-á o plano individual homologado.

Art. 42. As medidas socioeducativas de liberdade assistida, de semiliberdade e de internação deverão ser reavaliadas no máximo a cada 6 (seis) meses, podendo a autoridade judiciária, se necessário, designar audiência, no prazo máximo de 10 (dez) dias, cientificando o defensor, o Ministério Público, a direção do programa de atendimento, o adolescente e seus pais ou responsável.

§ 1º A audiência será instruída com o relatório da equipe técnica do programa de atendimento sobre a evolução do plano de que trata o art. 52 desta Lei e com qualquer outro parecer técnico requerido pelas partes e deferido pela autoridade judiciária.

§ 2º A gravidade do ato infracional, os antecedentes e o tempo de duração da medida não são fatores que, por si, justifiquem a não substituição da medida por outra menos grave.

§ 3º Considera-se mais grave a internação, em relação a todas as demais medidas, e mais grave a semiliberdade, em relação às medidas de meio aberto.

Art. 43. A reavaliação da manutenção, da substituição ou da suspensão das medidas de meio aberto ou de privação da liberdade e do respectivo plano individual pode ser solicitada a qualquer tempo, a pedido da direção do programa de atendimento, do defensor, do Ministério Público, do adolescente, de seus pais ou responsável.

§ 1º Justifica o pedido de reavaliação, entre outros motivos:

I — o desempenho adequado do adolescente com base no seu plano de atendimento individual, antes do prazo da reavaliação obrigatória;

II — a inadaptação do adolescente ao programa e o reiterado descumprimento das atividades do plano individual; e

III — a necessidade de modificação das atividades do plano individual que importem em maior restrição da liberdade do adolescente.

§ 2º A autoridade judiciária poderá indeferir o pedido, de pronto, se entender insuficiente a motivação.

§ 3º Admitido o processamento do pedido, a autoridade judiciária, se necessário, designará audiência, observando o princípio do § 1º do art. 42 desta Lei.

§ 4º A substituição por medida mais gravosa somente ocorrerá em situações excepcionais, após o devido processo legal, inclusive na hipótese do inciso III do art. 122 da Lei nº 8.069, de 13 de julho de 1990 (Estatuto da Criança e do Adolescente), e deve ser:

I — fundamentada em parecer técnico;

II — precedida de prévia audiência, e nos termos do § 1º do art. 42 desta Lei.

Art. 44. Na hipótese de substituição da medida ou modificação das atividades do plano individual, a autoridade judiciária remeterá o inteiro teor da decisão à direção do programa de atendimento, assim como as peças que entender relevantes à nova situação jurídica do adolescente.

Parágrafo único. No caso de a substituição da medida importar em vinculação do adolescente a outro programa de atendimento, o plano individual e o histórico do cumprimento da medida deverão acompanhar a transferência.

Art. 45. Se, no transcurso da execução, sobrevier sentença de aplicação de nova medida, a autoridade judiciária procederá à unificação, ouvidos, previamente, o Ministério Público e o defensor, no prazo de 3 (três) dias sucessivos, decidindo-se em igual prazo.

§ 1º É vedado à autoridade judiciária determinar reinício de cumprimento de medida socioeducativa, ou deixar de considerar os prazos máximos, e de liberação compulsória previstos na Lei nº 8.069, de 13 de julho de 1990 (Estatuto da Criança e do Adolescente), excetuada a hipótese de medida aplicada por ato infracional praticado durante a execução.

§ 2º É vedado à autoridade judiciária aplicar nova medida de internação, por atos infracionais praticados anteriormente, a adolescente que já tenha concluído cumprimento de medida socioeducativa dessa natureza, ou que tenha sido transferido para cumprimento de medida menos rigorosa, sendo tais atos absorvidos por aqueles aos quais se impôs a medida socioeducativa extrema.

Art. 46. A medida socioeducativa será declarada extinta:

I — pela morte do adolescente;

II — pela realização de sua finalidade;

III — pela aplicação de pena privativa de liberdade, a ser cumprida em regime fechado ou semiaberto, em execução provisória ou definitiva;

IV — pela condição de doença grave, que torne o adolescente incapaz de submeter-se ao cumprimento da medida; e

V — nas demais hipóteses previstas em lei.

§ 1º No caso de o maior de 18 (dezoito) anos, em cumprimento de medida socioeducativa, responder a processo-crime, caberá à autoridade judiciária decidir sobre eventual extinção da execução, cientificando da decisão o juízo criminal competente.

§ 2º Em qualquer caso, o tempo de prisão cautelar não convertida em pena privativa de liberdade deve ser descontado do prazo de cumprimento da medida socioeducativa.

Art. 47. O mandado de busca e apreensão do adolescente terá vigência máxima de 6 (seis) meses, a contar da data da expedição, podendo, se necessário, ser renovado, fundamentadamente.

Art. 48. O defensor, o Ministério Público, o adolescente e seus pais ou responsável poderão postular revisão judicial de qualquer sanção disciplinar aplicada, podendo a autoridade judiciária suspender a execução da sanção até decisão final do incidente.

§ 1º Postulada a revisão após ouvida a autoridade colegiada que aplicou a sanção e havendo provas a produzir em audiência, procederá o magistrado na forma do § 1º do art. 42 desta Lei.

§ 2º É vedada a aplicação de sanção disciplinar de isolamento a adolescente interno, exceto seja essa imprescindível para garantia da segurança de outros internos ou do próprio adolescente a quem seja imposta a sanção, sendo necessária ainda comunicação ao defensor, ao Ministério Público e à autoridade judiciária em até 24 (vinte e quatro) horas.

CAPÍTULO III
DOS DIREITOS INDIVIDUAIS

Art. 49. São direitos do adolescente submetido ao cumprimento de medida socioeducativa, sem prejuízo de outros previstos em lei:

I — ser acompanhado por seus pais ou responsável e por seu defensor, em qualquer fase do procedimento administrativo ou judicial;

II — ser incluído em programa de meio aberto quando inexistir vaga para o cumprimento de medida de privação da liberdade, exceto nos casos de ato infracional cometido mediante grave ameaça ou violência à pessoa, quando o adolescente deverá ser internado em Unidade mais próxima de seu local de residência;

III — ser respeitado em sua personalidade, intimidade, liberdade de pensamento e religião e em todos os direitos não expressamente limitados na sentença;

IV — peticionar, por escrito ou verbalmente, diretamente a qualquer autoridade ou órgão público, devendo, obrigatoriamente, ser respondido em até 15 (quinze) dias;

V — ser informado, inclusive por escrito, das normas de organização e funcionamento do programa de atendimento e também das previsões de natureza disciplinar;

VI — receber, sempre que solicitar, informações sobre a evolução de seu plano individual, participando, obrigatoriamente, de sua elaboração e, se for o caso, reavaliação;

VII — receber assistência integral à sua saúde, conforme o disposto no art. 60 desta Lei; e

VIII — ter atendimento garantido em creche e pré-escola aos filhos de 0 (zero) a 5 (cinco) anos.

§ 1º As garantias processuais destinadas a adolescente autor de ato infracional previstas na Lei nº 8.069, de 13 de julho de 1990 (Estatuto da Criança e do Adolescente), aplicam-se integralmente na execução das medidas socioeducativas, inclusive no âmbito administrativo.

§ 2º A oferta irregular de programas de atendimento socioeducativo em meio aberto não poderá ser invocada como motivo para aplicação ou manutenção de medida de privação da liberdade.

Art. 50. Sem prejuízo do disposto no § 1º do art. 121 da Lei nº 8.069, de 13 de julho de 1990 (Estatuto da Criança e do Adolescente), a direção do programa de execução de medida de privação da liberdade poderá autorizar a saída, monitorada, do adolescente nos casos de tratamento médico, doença grave ou falecimento, devidamente comprovados, de pai, mãe, filho, cônjuge, companheiro ou irmão, com imediata comunicação ao juízo competente.

Art. 51. A decisão judicial relativa à execução de medida socioeducativa será proferida após manifestação do defensor e do Ministério Público.

CAPÍTULO IV
DO PLANO INDIVIDUAL DE ATENDIMENTO (PIA)

Art. 52. O cumprimento das medidas socioeducativas, em regime de prestação de serviços à comunidade, liberdade assistida, semiliberdade ou internação, dependerá de Plano Individual de Atendimento (PIA), instrumento de previsão, registro e gestão das atividades a serem desenvolvidas com o adolescente.

Parágrafo único. O PIA deverá contemplar a participação dos pais ou responsáveis, os quais têm o dever de contribuir com o processo ressocializador do adolescente, sendo esses passíveis de responsabilização administrativa, nos termos do art. 249 da Lei nº 8.069, de 13 de julho de 1990 (Estatuto da Criança e do Adolescente), civil e criminal.

Art. 53. O PIA será elaborado sob a responsabilidade da equipe técnica do respectivo programa de atendimento, com a participação efetiva do adolescente e de sua família, representada por seus pais ou responsável.

Art. 54. Constarão do plano individual, no mínimo:

I — os resultados da avaliação interdisciplinar;

II — os objetivos declarados pelo adolescente;

III — a previsão de suas atividades de integração social e/ou capacitação profissional;

IV — atividades de integração e apoio à família;

V — formas de participação da família para efetivo cumprimento do plano individual; e

VI — as medidas específicas de atenção à sua saúde.

Art. 55. Para o cumprimento das medidas de semiliberdade ou de internação, o plano individual conterá, ainda:

I — a designação do programa de atendimento mais adequado para o cumprimento da medida;

II — a definição das atividades internas e externas, individuais ou coletivas, das quais o adolescente poderá participar; e

III — a fixação das metas para o alcance de desenvolvimento de atividades externas.

Parágrafo único. O PIA será elaborado no prazo de até 45 (quarenta e cinco) dias da data do ingresso do adolescente no programa de atendimento.

Art. 56. Para o cumprimento das medidas de prestação de serviços à comunidade e de liberdade assistida, o PIA será elaborado no prazo de até 15 (quinze) dias do ingresso do adolescente no programa de atendimento.

Art. 57. Para a elaboração do PIA, a direção do respectivo programa de atendimento, pessoalmente ou por meio de membro da equipe técnica, terá acesso aos autos do procedimento de apuração do ato infracional e aos dos procedimentos de apuração de outros atos infracionais atribuídos ao mesmo adolescente.

§ 1º O acesso aos documentos de que trata o *caput* deverá ser realizado por funcionário da entidade de atendimento, devidamente credenciado para tal atividade, ou por membro da direção, em conformidade com as normas a serem definidas pelo Poder Judiciário, de forma a preservar o que determinam os arts. 143 e 144 da Lei nº 8.069, de 13 de julho de 1990 (Estatuto da Criança e do Adolescente).

§ 2º A direção poderá requisitar, ainda:

I — ao estabelecimento de ensino, o histórico escolar do adolescente e as anotações sobre o seu aproveitamento;

II — os dados sobre o resultado de medida anteriormente aplicada e cumprida em outro programa de atendimento; e

III — os resultados de acompanhamento especializado anterior.

Art. 58. Por ocasião da reavaliação da medida, é obrigatória a apresentação pela direção do programa de atendimento de relatório da equipe técnica sobre a evolução do adolescente no cumprimento do plano individual.

Art. 59. O acesso ao plano individual será restrito aos servidores do respectivo programa de atendimento, ao adolescente e a seus pais ou responsável, ao Ministério Público e ao defensor, exceto expressa autorização judicial.

CAPÍTULO V
DA ATENÇÃO INTEGRAL À SAÚDE DE ADOLESCENTE EM CUMPRIMENTO DE MEDIDA SOCIOEDUCATIVA

Seção I
Disposições Gerais

Art. 60. A atenção integral à saúde do adolescente no Sistema de Atendimento Socioeducativo seguirá as seguintes diretrizes:

I — previsão, nos planos de atendimento socioeducativo, em todas as esferas, da implantação de ações de promoção da saúde, com o objetivo de integrar as ações socioeducativas, estimulando a autonomia, a melhoria das relações interpessoais e o fortalecimento de redes de apoio aos adolescentes e suas famílias;

II — inclusão de ações e serviços para a promoção, proteção, prevenção de agravos e doenças e recuperação da saúde;

III — cuidados especiais em saúde mental, incluindo os relacionados ao uso de álcool e outras substâncias psicoativas, e atenção aos adolescentes com deficiências;

IV — disponibilização de ações de atenção à saúde sexual e reprodutiva e à prevenção de doenças sexualmente transmissíveis;

V — garantia de acesso a todos os níveis de atenção à saúde, por meio de referência e contrarreferência, de acordo com as normas do Sistema Único de Saúde (SUS);

VI — capacitação das equipes de saúde e dos profissionais das entidades de atendimento, bem como daqueles que atuam nas unidades de saúde de referência voltadas às especificidades de saúde dessa população e de suas famílias;

VII — inclusão, nos Sistemas de Informação de Saúde do SUS, bem como no Sistema de Informações sobre Atendimento Socioeducativo, de dados e indicadores de saúde da população de adolescentes em atendimento socioeducativo; e

VIII — estruturação das unidades de internação conforme as normas de referência do SUS e do Sinase, visando ao atendimento das necessidades de Atenção Básica.

Art. 61. As entidades que ofereçam programas de atendimento socioeducativo em meio aberto e de semiliberdade deverão prestar orientações aos socioeducandos sobre o acesso aos serviços e às unidades do SUS.

Art. 62. As entidades que ofereçam programas de privação de liberdade deverão contar com uma equipe mínima de profissionais de saúde cuja composição esteja em conformidade com as normas de referência do SUS.

Art. 63. (VETADO).

§ 1º O filho de adolescente nascido nos estabelecimentos referidos no *caput* deste artigo não terá tal informação lançada em seu registro de nascimento.

§ 2º Serão asseguradas as condições necessárias para que a adolescente submetida à execução de medida socioeducativa de privação de liberdade permaneça com o seu filho durante o período de amamentação.

Seção II
Do Atendimento a Adolescente com Transtorno Mental e com Dependência de Álcool e de Substância Psicoativa

Art 64. O adolescente em cumprimento de medida socioeducativa que apresente indícios de transtorno mental, de deficiência mental, ou associadas, deverá ser avaliado por equipe técnica multidisciplinar e multissetorial.

§ 1º As competências, a composição e a atuação da equipe técnica de que trata o *caput* deverão seguir, conjuntamente, as normas de referência do SUS e do Sinase, na forma do regulamento.

§ 2º A avaliação de que trata o *caput* subsidiará a elaboração e execução da terapêutica a ser adotada, a qual será incluída no PIA do adolescente, prevendo, se necessário, ações voltadas para a família.

§ 3º As informações produzidas na avaliação de que trata o *caput* são consideradas sigilosas.

§ 4º Excepcionalmente, o juiz poderá suspender a execução da medida socioeducativa, ouvidos o defensor e o Ministério Público, com vistas a incluir o adolescente em programa de atenção integral à saúde mental que melhor atenda aos objetivos terapêuticos estabelecidos para o seu caso específico.

§ 5º Suspensa a execução da medida socioeducativa, o juiz designará o responsável por acompanhar e informar sobre a evolução do atendimento ao adolescente.

§ 6º A suspensão da execução da medida socioeducativa será avaliada, no mínimo, a cada 6 (seis) meses.

§ 7º O tratamento a que se submeterá o adolescente deverá observar o previsto na Lei nº 10.216, de 6 de abril de 2001, que dispõe sobre a proteção e os direitos das pessoas portadoras de transtornos mentais e redireciona o modelo assistencial em saúde mental.

§ 8º (VETADO).

Art. 65. Enquanto não cessada a jurisdição da Infância e Juventude, a autoridade judiciária, nas hipóteses tratadas no art. 64, poderá remeter cópia dos autos ao Ministério Público para eventual propositura de interdição e outras providências pertinentes.

Art. 66. (VETADO).

CAPÍTULO VI
DAS VISITAS A ADOLESCENTE EM CUMPRIMENTO DE MEDIDA DE INTERNAÇÃO

Art. 67. A visita do cônjuge, companheiro, pais ou responsáveis, parentes e amigos a adolescente a quem foi aplicada medida socioeducativa de internação observará dias e horários próprios definidos pela direção do programa de atendimento.

Art. 68. É assegurado ao adolescente casado ou que viva, comprovadamente, em união estável o direito à visita íntima.

Parágrafo único. O visitante será identificado e registrado pela direção do programa de atendimento, que emitirá documento de identificação, pessoal e intransferível, específico para a realização da visita íntima.

Art. 69. É garantido aos adolescentes em cumprimento de medida socioeducativa de internação o direito de receber visita dos filhos, independentemente da idade desses.

Art. 70. O regulamento interno estabelecerá as hipóteses de proibição da entrada de objetos na unidade de internação, vedando o acesso aos seus portadores.

CAPÍTULO VII
DOS REGIMES DISCIPLINARES

Art. 71. Todas as entidades de atendimento socioeducativo deverão, em seus respectivos regimentos, realizar a previsão de regime disciplinar que obedeça aos seguintes princípios:

I — tipificação explícita das infrações como leves, médias e graves e determinação das correspondentes sanções;

II — exigência da instauração formal de processo disciplinar para a aplicação de qualquer sanção, garantidos a ampla defesa e o contraditório;

III — obrigatoriedade de audiência do socioeducando nos casos em que seja necessária a instauração de processo disciplinar;

IV — sanção de duração determinada;

V — enumeração das causas ou circunstâncias que eximam, atenuem ou agravem a sanção a ser imposta ao socioeducando, bem como os requisitos para a extinção dessa;

VI — enumeração explícita das garantias de defesa;

VII — garantia de solicitação e rito de apreciação dos recursos cabíveis; e

VIII — apuração da falta disciplinar por comissão composta por, no mínimo, 3 (três) integrantes, sendo 1 (um), obrigatoriamente, oriundo da equipe técnica.

Art. 72. O regime disciplinar é independente da responsabilidade civil ou penal que advenha do ato cometido.

Art. 73. Nenhum socioeducando poderá desempenhar função ou tarefa de apuração disciplinar ou aplicação de sanção nas entidades de atendimento socioeducativo.

Art. 74. Não será aplicada sanção disciplinar sem expressa e anterior previsão legal ou regulamentar e o devido processo administrativo.

Art. 75. Não será aplicada sanção disciplinar ao socioeducando que tenha praticado a falta:

I — por coação irresistível ou por motivo de força maior;

II — em legítima defesa, própria ou de outrem.

CAPÍTULO VIII
DA CAPACITAÇÃO PARA O TRABALHO

Art. 76. O art. 2º do Decreto-lei nº 4.048, de 22 de janeiro de 1942, passa a vigorar acrescido do seguinte § 1º, renumerando-se o atual parágrafo único para § 2º:

> "**Art. 2º** ....
> **§ 1º** As escolas do Senai poderão ofertar vagas aos usuários do Sistema Nacional de Atendimento Socioeducativo (Sinase) nas condições a serem dispostas em instrumentos de cooperação celebrados entre os operadores do Senai e os gestores dos Sistemas de Atendimento Socioeducativo locais.
> **§ 2º** .... " (NR)

Art. 77. O art. 3º do Decreto-Lei nº 8.621, de 10 de janeiro de 1946, passa a vigorar acrescido do seguinte § 1º, renumerando-se o atual parágrafo único para § 2º:

> "**Art. 3º** ....
> **§ 1º** As escolas do Senac poderão ofertar vagas aos usuários do Sistema Nacional de Atendimento Socioeducativo (Sinase) nas condições a serem dispostas em instrumentos de cooperação celebrados entre os operadores do Senac e os gestores dos Sistemas de Atendimento Socioeducativo locais.
> **§ 2º** .... " (NR)

Art. 78. O art. 1º da Lei nº 8.315, de 23 de dezembro de 1991, passa a vigorar acrescido do seguinte parágrafo único:

"**Art. 1º** ....
Parágrafo único. Os programas de formação profissional rural do Senar poderão ofertar vagas aos usuários do Sistema Nacional de Atendimento Socioeducativo (Sinase) nas condições a serem dispostas em instrumentos de cooperação celebrados entre os operadores do Senar e os gestores dos Sistemas de Atendimento Socioeducativo locais." (NR)

Art. 79. O art. 3º da Lei nº 8.706, de 14 de setembro de 1993, passa a vigorar acrescido do seguinte parágrafo único:

"**Art. 3º** ....
Parágrafo único. Os programas de formação profissional do Senat poderão ofertar vagas aos usuários do Sistema Nacional de Atendimento Socioeducativo (Sinase) nas condições a serem dispostas em instrumentos de cooperação celebrados entre os operadores do Senat e os gestores dos Sistemas de Atendimento Socioeducativo locais." (NR)

Art. 80. O art. 429 do Decreto-lei nº 5.452, de 1º de maio de 1943, passa a vigorar acrescido do seguinte § 2º:

"**Art. 429.** ....

....

§ 2º Os estabelecimentos de que trata o *caput* ofertarão vagas de aprendizes a adolescentes usuários do Sistema Nacional de Atendimento Socioeducativo (Sinase) nas condições a serem dispostas em instrumentos de cooperação celebrados entre os estabelecimentos e os gestores dos Sistemas de Atendimento Socioeducativo locais." (NR)

TÍTULO III
Disposições Finais e Transitórias

Art. 81. As entidades que mantenham programas de atendimento têm o prazo de até 6 (seis) meses após a publicação desta Lei para encaminhar ao respectivo Conselho Estadual ou Municipal dos Direitos da Criança e do Adolescente proposta de adequação da sua inscrição, sob pena de interdição.

Art. 82. Os Conselhos dos Direitos da Criança e do Adolescente, em todos os níveis federados, com os órgãos responsáveis pelo sistema de educação pública e as entidades de atendimento, deverão, no prazo de 1 (um) ano a partir da publicação desta Lei, garantir a inserção de adolescentes em cumprimento de medida socioeducativa na rede pública de educação, em qualquer fase do período letivo, contemplando as diversas faixas etárias e níveis de instrução.

Art. 83. Os programas de atendimento socioeducativo sob a responsabilidade do Poder Judiciário serão, obrigatoriamente, transferidos ao Poder Executivo no prazo máximo de 1 (um) ano a partir da publicação desta Lei e de acordo com a política de oferta dos programas aqui definidos.

Art. 84. Os programas de internação e semiliberdade sob a responsabilidade dos Municípios serão, obrigatoriamente, transferidos para o Poder Executivo do respectivo Estado no prazo máximo de 1 (um) ano a partir da publicação desta Lei e de acordo com a política de oferta dos programas aqui definidos.

Art. 85. A não transferência de programas de atendimento para os devidos entes responsáveis, no prazo determinado nesta Lei, importará na interdição do programa e caracterizará ato de improbidade administrativa do agente responsável, vedada, ademais, ao Poder Judiciário e ao Poder Executivo municipal, ao final do referido prazo, a realização de despesas para a sua manutenção.

Art. 86. Os arts. 90, 97, 121, 122, 198 e 208 da Lei nº 8.069, de 13 de julho de 1990 (Estatuto da Criança e do Adolescente), passam a vigorar com a seguinte redação:

"**Art. 90.** ....

....

V — prestação de serviços à comunidade;

VI — liberdade assistida;

VII — semiliberdade; e

VIII — internação.

.... " (NR)

"**Art. 97.** (VETADO)"

"**Art. 121.** ....

....

§ 7º A determinação judicial mencionada no § 1º poderá ser revista a qualquer tempo pela autoridade judiciária." (NR)

"**Art. 122.** ....

....

§ 1º O prazo de internação na hipótese do inciso III deste artigo não poderá ser superior a 3 (três) meses, devendo ser decretada judicialmente após o devido processo legal.

.... " (NR)

"**Art. 198.** Nos procedimentos afetos à Justiça da Infância e da Juventude, inclusive os relativos à execução das medidas socioeducativas, adotar-se-á o sistema recursal da Lei nº 5.869, de 11 de janeiro de 1973 (Código de Processo Civil), com as seguintes adaptações:

....

II — em todos os recursos, salvo nos embargos de declaração, o prazo para o Ministério Público e para a defesa será sempre de 10 (dez) dias;

.... " (NR)

"**Art. 208.** ....

....

X — de programas de atendimento para a execução das medidas socioeducativas e aplicação de medidas de proteção.

.... " (NR)

Art. 87. A Lei nº 8.069, de 13 de julho de 1990 (Estatuto da Criança e do Adolescente), passa a vigorar com as seguintes alterações:

"**Art. 260.** Os contribuintes poderão efetuar doações aos Fundos dos Direitos da Criança e do Adolescente nacional, distrital, estaduais ou municipais, devidamente comprovadas, sendo essas integralmente deduzidas do imposto de renda, obedecidos os seguintes limites:

I — 1% (um por cento) do imposto sobre a renda devido apurado pelas pessoas jurídicas tributadas com base no lucro real; e

II — 6% (seis por cento) do imposto sobre a renda apurado pelas pessoas físicas na Declaração de Ajuste Anual, observado o disposto no art. 22 da Lei nº 9.532, de 10 de dezembro de 1997.

....

§ 5º Observado o disposto no § 4º do art. 3º da Lei nº 9.249, de 26 de dezembro de 1995, a dedução de que trata o inciso I do *caput*:

I — será considerada isoladamente, não se submetendo a limite em conjunto com outras deduções do imposto; e

II — não poderá ser computada como despesa operacional na apuração do lucro real." (NR)

"**Art. 260-A.** A partir do exercício de 2010, ano-calendário de 2009, a pessoa física poderá optar pela doação de que trata o inciso II do *caput* do art. 260 diretamente em sua Declaração de Ajuste Anual.

§ 1º A doação de que trata o *caput* poderá ser deduzida até os seguintes percentuais aplicados sobre o imposto apurado na declaração:

I — (VETADO);

II — (VETADO);

III — 3% (três por cento) a partir do exercício de 2012.

§ 2º A dedução de que trata o *caput*:

I — está sujeita ao limite de 6% (seis por cento) do imposto sobre a renda apurado na declaração de que trata o inciso II do *caput* do art. 260;

II — não se aplica à pessoa física que:

a) utilizar o desconto simplificado;

b) apresentar declaração em formulário; ou

c) entregar a declaração fora do prazo;

III — só se aplica às doações em espécie; e

IV — não exclui ou reduz outros benefícios ou deduções em vigor.

§ 3º O pagamento da doação deve ser efetuado até a data de vencimento da primeira quota ou quota única do imposto, observadas instruções específicas da Secretaria da Receita Federal do Brasil.

§ 4º O não pagamento da doação no prazo estabelecido no § 3º implica a glosa definitiva desta parcela de dedução, ficando a pessoa física obrigada ao recolhimento da diferença de imposto devido apurado na Declaração de Ajuste Anual com os acréscimos legais previstos na legislação.

§ 5º A pessoa física poderá deduzir do imposto apurado na Declaração de Ajuste Anual as doações feitas, no respectivo ano-calendário, aos fundos controlados pelos Conselhos dos Direitos da Criança e do Adolescente municipais, distrital, estaduais e nacional concomitantemente com a opção de que trata o *caput*, respeitado o limite previsto no inciso II do art. 260."

"**Art. 260-B.** A doação de que trata o inciso I do art. 260 poderá ser deduzida:

I — do imposto devido no trimestre, para as pessoas jurídicas que apuram o imposto trimestralmente; e

II — do imposto devido mensalmente e no ajuste anual, para as pessoas jurídicas que apuram o imposto anualmente.

Parágrafo único. A doação deverá ser efetuada dentro do período a que se refere a apuração do imposto."

"**Art. 260-C.** As doações de que trata o art. 260 desta Lei podem ser efetuadas em espécie ou em bens.

Parágrafo único. As doações efetuadas em espécie devem ser depositadas em conta específica, em instituição financeira pública, vinculadas aos respectivos fundos de que trata o art. 260."

"**Art. 260-D.** Os órgãos responsáveis pela administração das contas dos Fundos dos Direitos da Criança e do Adolescente nacional, estaduais, distrital e municipais devem emitir recibo em favor do doador, assinado por pessoa competente e pelo presidente do Conselho correspondente, especificando:

I — número de ordem;

II — nome, Cadastro Nacional da Pessoa Jurídica (CNPJ) e endereço do emitente;

III — nome, CNPJ ou Cadastro de Pessoas Físicas (CPF) do doador;

IV — data da doação e valor efetivamente recebido; e

V — ano-calendário a que se refere a doação.

§ 1º O comprovante de que trata o *caput* deste artigo pode ser emitido anualmente, desde que discrimine os valores doados mês a mês.

§ 2º No caso de doação em bens, o comprovante deve conter a identificação dos bens, mediante descrição em campo próprio ou em relação anexa ao comprovante, informando também se houve avaliação, o nome, CPF ou CNPJ e endereço dos avaliadores."

"**Art. 260-E.** Na hipótese da doação em bens, o doador deverá:

I — comprovar a propriedade dos bens, mediante documentação hábil;

II — baixar os bens doados na declaração de bens e direitos, quando se tratar de pessoa física, e na escrituração, no caso de pessoa jurídica; e

III — considerar como valor dos bens doados:

a) para as pessoas físicas, o valor constante da última declaração do imposto de renda, desde que não exceda o valor de mercado;

b) para as pessoas jurídicas, o valor contábil dos bens.

Parágrafo único. O preço obtido em caso de leilão não será considerado na determinação do valor dos bens doados, exceto se o leilão for determinado por autoridade judiciária."

"**Art. 260-F.** Os documentos a que se referem os arts. 260-D e 260-E devem ser mantidos pelo contribuinte por um prazo de 5 (cinco) anos para fins de comprovação da dedução perante a Receita Federal do Brasil."

"**Art. 260-G.** Os órgãos responsáveis pela administração das contas dos Fundos dos Direitos da Criança e do Adolescente nacional, estaduais, distrital e municipais devem:

I — manter conta bancária específica destinada exclusivamente a gerir os recursos do Fundo;

II — manter controle das doações recebidas; e

III — informar anualmente à Secretaria da Receita Federal do Brasil as doações recebidas mês a mês, identificando os seguintes dados por doador:

a) nome, CNPJ ou CPF;

b) valor doado, especificando se a doação foi em espécie ou em bens."

"**Art. 260-H.** Em caso de descumprimento das obrigações previstas no art. 260-G, a Secretaria da Receita Federal do Brasil dará conhecimento do fato ao Ministério Público."

"**Art. 260-I.** Os Conselhos dos Direitos da Criança e do Adolescente nacional, estaduais, distrital e municipais divulgarão amplamente à comunidade:

I — o calendário de suas reuniões;

II — as ações prioritárias para aplicação das políticas de atendimento à criança e ao adolescente;

III — os requisitos para a apresentação de projetos a serem beneficiados com recursos dos Fundos dos Direitos da Criança e do Adolescente nacional, estaduais, distrital ou municipais;

IV — a relação dos projetos aprovados em cada ano-calendário e o valor dos recursos previstos para implementação das ações, por projeto;

V — o total dos recursos recebidos e a respectiva destinação, por projeto atendido, inclusive com cadastramento na base de dados do Sistema de Informações sobre a Infância e a Adolescência; e

VI — a avaliação dos resultados dos projetos beneficiados com recursos dos Fundos dos Direitos da Criança e do Adolescente nacional, estaduais, distrital e municipais."

"**Art. 260-J.** O Ministério Público determinará, em cada Comarca, a forma de fiscalização da aplicação dos incentivos fiscais referidos no art. 260 desta Lei.

Parágrafo único. O descumprimento do disposto nos arts. 260-G e 260-I sujeitará os infratores a responder por ação judicial proposta pelo Ministério Público, que poderá atuar de ofício, a requerimento ou representação de qualquer cidadão."

"**Art. 260-K.** A Secretaria de Direitos Humanos da Presidência da República (SDH/PR) encaminhará à Secretaria da Receita Federal do Brasil, até 31 de outubro de cada ano, arquivo eletrônico contendo a relação atualizada dos Fundos dos Direitos da Criança e do Adolescente nacional, distrital, estaduais e municipais, com a indicação dos respectivos números de inscrição no CNPJ e das contas bancárias específicas mantidas em instituições financeiras públicas, destinadas exclusivamente a gerir os recursos dos Fundos."

"**Art. 260-L.** A Secretaria da Receita Federal do Brasil expedirá as instruções necessárias à aplicação do disposto nos arts. 260 a 260-K."

Art. 88. O parágrafo único do art. 3º da Lei nº 12.213, de 20 de janeiro de 2010, passa a vigorar com a seguinte redação:

"**Art. 3º** ....

Parágrafo único. A dedução a que se refere o *caput* deste artigo não poderá ultrapassar 1% (um por cento) do imposto devido." (NR)

Art. 89. (VETADO).

Art. 90. Esta Lei entra em vigor após decorridos 90 (noventa) dias de sua publicação oficial.

Brasília, 18 de janeiro de 2012; 191º da Independência e 124º da República.

DILMA ROUSSEFF
José Eduardo Cardozo
Guido Mantega
Alexandre Rocha Santos Padilha
Miriam Belchior
Maria do Rosário Nunes

Para acessar a lei na página do Governo Federal:
<http://www.planalto.gov.br/ccivil_03/_ato2011-2014/2012/lei/l12594.htm>

3

Convenção da ONU sobre os direitos da criança

Artigo 37

Os Estados-partes zelarão para que:

a) nenhuma criança seja submetida à tortura nem a outros tratamentos ou penas cruéis, desumanos ou degradantes. Não será imposta a pena de morte nem a prisão perpétua sem possibilidade de livramento por delitos cometidos por menores de dezoito anos de idade;

b) nenhuma criança seja privada de sua liberdade de forma ilegal ou arbitrária. A detenção, a reclusão ou a prisão de uma criança será efetuada em conformidade com a lei e apenas como último recurso, e durante o mais breve período de tempo que for apropriado;

c) toda criança privada da liberdade seja tratada com a humanidade e o respeito que merece a dignidade inerente à pessoa humana, e levando-se em consideração as necessidades de uma pessoa de sua idade. Em especial, toda criança privada de sua liberdade ficará separada dos adultos, a não ser que tal fato seja considerado contrário aos melhores interesses da criança, e terá direito a manter contato com sua família por meio de correspondência ou de visitas, salvo em circunstâncias excepcionais;

d) toda criança privada de sua liberdade tenha direito a rápido acesso à assistência jurídica e a qualquer outra assistência adequada, bem como direito a impugnar a legalidade da privação de sua liberdade perante um tribunal ou outra autoridade competente, independente e imparcial e a uma rápida decisão a respeito de tal ação.

Resumo — Tortura e privação da liberdade

A proibição da tortura, tratamento ou punição cruel, pena de morte, prisão perpétua, prisão ilegal ou privação da liberdade. Os princípios de tratamento apropriado, separação dos detentos adultos, contato com a família e o acesso à assistência legal ou outro tipo de assistência.

Artigo 40

1. Os Estados-partes reconhecem o direito de toda criança, a quem se alegue ter infringido as leis penais ou a quem se acuse ou declare culpada de ter infringido as leis penais, de ser tratada de modo a promover e estimular seu sentido de dignidade e de valor, e fortalecerão o respeito da criança pelos direitos humanos e pelas liberdades fundamentais de terceiros, levando em consideração a idade da criança e a importância de se estimular sua reintegração e seu desempenho construtivo na sociedade.

2. Nesse sentido, e de acordo com as disposições pertinentes dos instrumentos internacionais, os Estados-partes assegurarão, em particular:

a) que não se alegue que nenhuma criança tenha infringido as leis penais, nem se acuse ou declare culpada nenhuma criança de ter infringido essas leis, por atos ou omissões que não eram proibidos pela legislação nacional ou pelo direito internacional no momento em que foram cometidos;

b) que toda criança de quem se alegue ter infringido as leis penais ou a quem se acuse de ter infringido essas leis goze, pelo menos, das seguintes garantias:

i) ser considerada inocente enquanto não for comprovada sua culpabilidade conforme a lei;

ii) ser informada sem demora e diretamente ou, quando for o caso, por intermédio de seus pais ou de seus representantes legais, das acusações que pesam contra ela, e dispor de assistência jurídica ou outro tipo de assistência apropriada para a preparação e a apresentação de sua defesa;

iii) ter a causa decidida sem demora por autoridade ou órgão judicial competente, independente e imparcial, em audiência justa conforme a lei, com assistência jurídica ou outra assistência e, a não ser que seja considerado contrário aos melhores interesses da criança, levar em consideração especialmente sua idade ou situação e a de seus pais ou representantes legais;

iv) não ser obrigada a testemunhar ou a se declarar culpada, e poder interrogar ou fazer com que sejam interrogadas as testemunhas de acusação, bem como poder obter a participação e o interrogatório de testemunhas em sua defesa, em igualdade de condições;

v) se for decidido que infringiu as leis penais, ter essa decisão e qualquer medida imposta em decorrência da mesma submetidas à revisão por autoridade ou órgão judicial superior competente, independente e imparcial, de acordo com a lei;

vi) contar com a assistência gratuita de um intérprete caso a criança não compreenda ou fale o idioma utilizado;

vii) ter plenamente respeitada sua vida privada durante todas as fases do processo.

3. Os Estados-partes buscarão promover o estabelecimento de leis, procedimentos, autoridades e instituições específicas para as

crianças de quem se alegue ter infringido as leis penais ou que sejam acusadas ou declaradas culpadas de tê-las infringido, e em particular:

a) o estabelecimento de uma idade mínima antes da qual se presumirá que a criança não tem capacidade para infringir as leis penais;

b) a adoção, sempre que conveniente e desejável, de medidas para tratar dessas crianças sem recorrer a procedimentos judiciais, contanto que sejam respeitados plenamente os direitos humanos e as garantias legais.

4. Diversas medidas, tais como ordens de guarda, orientação e supervisão, aconselhamento, liberdade vigiada, colocação em lares de adoção, programas de educação e formação profissional, bem como outras alternativas à internação em instituições, deverão estar disponíveis para garantir que as crianças sejam tratadas de modo apropriado ao seu bem-estar e de forma proporcional às circunstâncias e ao tipo de delito.

Resumo — Administração da justiça, da infância e da juventude

O direito da criança, que suposta ou reconhecidamente infringiu a lei, ao respeito por seus direitos humanos e, em particular, de beneficiar-se de todos os aspectos de um adequado processo legal, incluindo assistência legal ou de outra natureza ao preparar e apresentar sua defesa. O princípio de que o recurso de procedimento legal e colocação em instituições deverá ser evitado sempre que possível e apropriado.

4

Regras mínimas das Nações Unidas para a administração da justiça, da infância e da juventude — Regras de Beijing*

PRIMEIRA PARTE — PRINCÍPIOS GERAIS

1. Orientações fundamentais

1.1 Os Estados-membros procurarão, em consonância com seus respectivos interesses gerais, promover o bem-estar da criança e do adolescente e de sua família.

1.2 Os Estados-membros se esforçarão para criar condições que garantam à criança e ao adolescente uma vida significativa na comunidade, fomentando, durante o período de idade em que ele é mais vulnerável a um comportamento desviado, um processo de desenvolvimento pessoal e de educação o mais isento possível do crime e da delinquência.

---

* Tradução em português de Maria Josefina Becker. Estas regras foram publicadas pela primeira vez, em português, pela Funabem em 1988.

1.3 Conceder-se-á a devida atenção à adoção de medidas concretas que permitam a mobilização de todos os recursos disponíveis, com a inclusão da família, de voluntários e outros grupos da comunidade, bem como da escola e de demais instituições comunitárias, com o fim de promover o bem-estar da criança e do adolescente, reduzir a necessidade da intervenção legal e tratar de modo efetivo, equitativo e humano a situação de conflito com a lei.

1.4 A Justiça da Infância e da Juventude será concebida como parte integrante do processo de desenvolvimento nacional de cada país e deverá ser administrada no marco geral de justiça social para todos os jovens, de maneira que contribua ao mesmo tempo para a sua proteção e para a manutenção da paz e da ordem na sociedade.

1.5 As presentes regras se aplicarão segundo o contexto das condições econômicas, sociais e culturais que predominem em cada um dos Estados-membros.

1.6 Os serviços da Justiça da Infância e da Juventude se aperfeiçoarão e se coordenarão sistematicamente com vistas a elevar e manter a competência de seus funcionários, os métodos, enfoques e atitudes adotadas.

2. Alcance das regras e definições utilizadas

2.1 As regras mínimas uniformes que se enunciam a seguir se aplicarão aos jovens infratores com imparcialidade, sem distinção alguma, por exemplo, de raça, cor, sexo, idioma, religião, opinião política ou de qualquer outra natureza, origem nacional ou social, posição econômica, nascimento ou qualquer outra condição.

2.2 Para os fins das presentes regras, os Estados-membros aplicarão as definições seguintes, de forma compatível com seus respectivos sistemas e conceitos jurídicos:

a) jovem é toda a criança ou adolescente que, de acordo com o sistema jurídico respectivo, pode responder por uma infração de forma diferente do adulto;

b) infração é todo comportamento (ação ou omissão) penalizado com a lei, de acordo com o respectivo sistema jurídico;

c) *jovem infrator* é aquele a quem se tenha imputado o cometimento de uma infração ou que seja considerado culpado do cometimento de uma infração.

2.3 Em cada jurisdição nacional procurar-se-á promulgar um conjunto de leis, normas e disposições aplicáveis especificamente aos jovens infratores, assim como aos órgãos e instituições encarregados das funções de administração da Justiça da Infância e da Juventude, com a finalidade de:

a) satisfazer as diversas necessidades dos jovens infratores, e ao mesmo tempo proteger seus direitos básicos;

b) satisfazer as necessidades da sociedade;

c) aplicar cabalmente e com justiça as regras que se enunciam a seguir.

3. Ampliação do âmbito de aplicação das regras

3.1 As disposições pertinentes das regras não só se aplicarão aos jovens infratores, mas também àqueles que possam ser processados por realizar qualquer ato concreto que não seria punível se fosse praticado por adultos.

3.2 Procurar-se-á estender o alcance dos princípios contidos nas regras a todos os jovens compreendidos nos procedimentos relativos à atenção à criança e ao adolescente e a seu bem-estar.

3.3 Procurar-se-á também estender o alcance dos princípios contidos nas regras aos infratores adultos jovens.

4. Responsabilidade penal

4.1 Nos sistemas jurídicos que reconheçam o conceito de responsabilidade penal para jovens, seu começo não deverá fixar-se numa idade demasiado precoce, levando-se em conta as circunstâncias que acompanham a maturidade emocional, mental e intelectual.

5. Objetivos da Justiça da Infância e da Juventude

5.1 O sistema de Justiça da Infância e da Juventude enfatizará o bem-estar do jovem e garantirá que qualquer decisão em relação aos jovens infratores será sempre proporcional às circunstâncias do infrator e da infração.

6. Alcance das faculdades discricionárias

6.1 Tendo-se em conta as diversas necessidades especiais dos jovens, assim como a diversidade de medidas disponíveis, facultar-se-á uma margem suficiente para o exercício de faculdades discricionárias nas diferentes etapas dos processos e nos distintos níveis da administração da Justiça da Infância e da Juventude, incluídos os de investigação, processamento, sentença e das medidas complementares das decisões.

6.2 Procurar-se-á, não obstante, garantir a devida competência em todas as fases e níveis no exercício de quaisquer dessas faculdades discricionárias.

6.3 Quem exercer tais faculdades deverá estar especialmente preparado ou capacitado para fazê-lo judiciosamente e em consonância com suas respectivas funções e mandatos.

7. Direitos dos jovens

7.1 Respeitar-se-ão as garantias processuais básicas em todas as etapas do processo, como a presunção de inocência, o direito de ser informado das acusações, o direito de não responder, o direito à assistência judiciária, o direito à presença dos pais ou tutores, o direito à confrontação com testemunhas e a interrogá-las e o direito de apelação ante uma autoridade superior.

8. Proteção da intimidade

8.1 Para evitar que a publicidade indevida ou o processo de difamação prejudiquem os jovens, respeitar-se-á, em todas as etapas, seu direito à intimidade.

8.2 Em princípio, não se publicará nenhuma informação que possa dar lugar à identificação de um jovem infrator.

9. Cláusula de salvaguarda

9.1 Nenhuma disposição das presentes regras poderá ser interpretada no sentido de excluir os jovens do âmbito da aplicação das Regras Mínimas Uniformes para o Tratamento dos Prisioneiros, aprovadas pelas Nações Unidas, e de outros instrumentos e normas relativos ao cuidado e à proteção dos jovens reconhecidos pela comunidade internacional.

SEGUNDA PARTE — INVESTIGAÇÃO E PROCESSAMENTO

10. Primeiro contato

10.1 Sempre que um jovem for apreendido, a apreensão será notificada imediatamente a seus pais ou tutor e, quando não for possível tal notificação imediata, será notificada aos pais ou tutor no mais breve prazo possível.

10.2 O juiz, funcionário ou organismo competentes examinarão sem demora a possibilidade de pôr o jovem em liberdade.

10.3 Os contatos entre os órgãos encarregados de fazer cumprir a lei e o jovem infrator serão estabelecidos de modo que seja respeitada a sua condição jurídica, promova-se o seu bem-estar e evite-se que sofra dano, resguardando-se devidamente as circunstâncias do caso.

11. Remissão dos casos

11.1 Examinar-se-á a possibilidade, quando apropriada, de atender os jovens infratores sem recorrer às autoridades competentes, mencionadas na regra 14.1 adiante, para que os julguem oficialmente.

11.2 A polícia, o Ministério Público e outros organismos que se ocupem de jovens infratores terão a faculdade de arrolar tais casos sob sua jurisdição, sem necessidade de procedimentos formais, de acordo com critérios estabelecidos com esse propósito nos respectivos sistemas jurídicos e também em harmonia com os princípios contidos nas presentes regras.

11.3 Toda remissão que signifique encaminhar o jovem a instituições da comunidade ou de outro tipo dependerá do consentimento dele, de seus pais ou tutores; entretanto, a decisão relativa à remissão do caso será submetida ao exame de uma autoridade competente, se assim for solicitado.

11.4 Para facilitar a tramitação jurisdicional dos casos de jovens, procurar-se-á proporcionar à comunidade programas tais como orientação e supervisão temporária, restituição e compensação das vítimas.

12. Especialização policial

12.1 Para melhor desempenho de suas funções, os policiais que tratem frequentemente ou de maneira exclusiva com jovens ou que se dediquem fundamentalmente à prevenção da delinquência de jovens receberão instrução e capacitação especial. Nas grandes cidades, haverá contingentes especiais de polícia com essa finalidade.

13. Prisão preventiva

13.1 Só se aplicará a prisão preventiva como último recurso e pelo menor prazo possível.

13.2 Sempre que possível, a prisão preventiva será substituída por medidas alternativas, como a estrita supervisão, custódia intensiva ou colocação junto a uma família ou em lar ou instituição educacional.

13.3 Os jovens que se encontrem em prisão preventiva gozarão de todos os direitos e garantias previstos nas Regras Mínimas para o Tratamento de Prisioneiros, aprovadas pelas Nações Unidas.

13.4 Os jovens que se encontrem em prisão preventiva estarão separados dos adultos e recolhidos a estabelecimentos distintos ou em recintos separados nos estabelecimentos onde haja detentos adultos.

13.5 Enquanto se encontrem sob custódia, os jovens receberão cuidados, proteção e toda assistência — social, educacional, profissional, psicológica, médica e física que requeiram, tendo em conta sua idade, sexo e características individuais.

TERCEIRA PARTE — DECISÃO JUDICIAL E MEDIDAS

14. Autoridade competente para decidir

14.1 Todo jovem infrator, cujo caso não tenha sido objeto de remissão (de acordo com a Regra 11), será apresentado à autoridade competente (juizado, tribunal, junta, conselho etc.), que decidirá de acordo com os princípios de um processo imparcial e justo.

14.2 Os procedimentos favorecerão os interesses do jovem e serão conduzidos numa atmosfera de compreensão, que lhe permita participar e se expressar livremente.

15. Assistência judiciária e direitos dos pais e tutores

15.1 O jovem terá direito a se fazer representar por um advogado durante todo o processo ou a solicitar assistência judiciária gratuita, quando prevista nas leis do país.

15.2 Os pais ou tutores terão direito de participar dos procedimentos, e a autoridade competente poderá requerer a sua presença no interesse do jovem. Não obstante, a autoridade competente poderá negar a participação se existirem motivos para presumir que a exclusão é necessária aos interesses do jovem.

16. Relatórios de investigação social

16.1 Para facilitar a adoção de uma decisão justa por parte da autoridade competente, a menos que se trate de infrações leves, antes da decisão definitiva será efetuada uma investigação completa sobre o meio social e as circunstâncias de vida do jovem e as condições em que se deu a prática da infração.

17. Princípios norteadores da decisão judicial e das medidas

17.1 A decisão da autoridade competente pautar-se-á pelos seguintes princípios:

a) a resposta à infração será sempre proporcional não só às circunstâncias e à gravidade da infração, mas também às circunstâncias e às necessidades do jovem, assim como às necessidades da sociedade;

b) as restrições à liberdade pessoal do jovem serão impostas somente após estudo cuidadoso e se reduzirão ao mínimo possível;

c) não será imposta a privação de liberdade pessoal a não ser que o jovem tenha praticado ato grave, envolvendo violência contra outra pessoa ou por reincidência no cometimento de outras infrações sérias, e a menos que não haja outra medida apropriada;

d) o bem-estar do jovem será o fator preponderante no exame dos casos.

17.2 A pena capital não será imposta por qualquer crime cometido por jovens.

17.3 Os jovens não serão submetidos a penas corporais.

17.4 A autoridade competente poderá suspender o processo em qualquer tempo.

18. Pluralidade das medidas aplicáveis

18.1 Uma ampla variedade de medidas deve estar à disposição da autoridade competente, permitindo a flexibilidade e evitando ao máximo a institucionalização.

Tais medidas, que podem algumas vezes ser aplicadas simultaneamente, incluem:

a) determinações de assistência, orientação e supervisão;

b) liberdade assistida;

c) prestação de serviços à comunidade;

d) multas, indenizações e restituições;

e) determinação de tratamento institucional ou outras formas de tratamento;

f) determinação de participar em sessões de grupo e atividades similares;

g) determinação de colocação em lar substituto, centro de convivência ou outros estabelecimentos educativos;

h) outras determinações pertinentes.

18.2 Nenhum jovem será excluído, total ou parcialmente, da supervisão paterna, a não ser que as circunstâncias do caso o tornem necessário.

19. Caráter excepcional da institucionalização

19.1 A internação de um jovem em uma instituição será sempre uma medida de último recurso e pelo mais breve período possível.

20. Prevenção de demoras desnecessárias

20.1 Todos os casos tramitarão, desde o começo, de maneira expedita e sem demoras desnecessárias.

21. Registros

21.1 Os registros de jovens infratores serão de caráter estritamente confidencial e não poderão ser consultados por terceiros. Só terão acesso aos arquivos as pessoas que participam diretamente da tramitação do caso ou outras pessoas devidamente autorizadas.

21.2 Os registros dos jovens infratores não serão utilizados em processos de adultos em casos subsequentes que envolvam o mesmo infrator.

22. Necessidade de profissionalismo e capacitação

22.1 Serão utilizados a educação profissional, o treinamento em serviço, a reciclagem e outros meios apropriados de instrução para estabelecer e manter a necessária competência profissional de todo o pessoal que se ocupa dos casos de jovens.

22.2 O quadro de servidores da Justiça da Infância e da Juventude deverá refletir as diversas características dos jovens que entram em contato com o sistema. Procurar-se-á garantir uma representação equitativa de mulheres e minorias nos órgãos da Justiça da Infância e da Juventude.

QUARTA PARTE — TRATAMENTO EM MEIO ABERTO

23. Execução efetiva das medidas

23.1 Serão adotadas disposições adequadas para o cumprimento das determinações ditadas pela autoridade competente, mencionadas na Regra 14.1, por essa mesma autoridade ou por outra diferente, se as circunstâncias assim o exigirem.

23.2 Tais dispositivos incluirão a faculdade da autoridade competente para modificar periodicamente as determinações segundo considere adequado, desde que a modificação se paute pelos princípios enunciados nestas regras.

24. Prestação da assistência necessária

24.1 Procurar-se-á proporcionar aos jovens, em todas as etapas dos procedimentos, assistência em termos de alojamento, ensino e capacitação profissional, emprego ou qualquer outra forma de assistência útil e prática para facilitar o processo de reabilitação.

25. Mobilização de voluntários e outros serviços comunitários

25.1 Os voluntários, as organizações voluntárias, as instituições locais e outros recursos da comunidade serão chamados a contribuir eficazmente para a reabilitação do jovem num ambiente comunitário e, tanto quanto possível, na unidade familiar.

QUINTA PARTE — TRATAMENTO INSTITUCIONAL

26. Objetivos do tratamento institucional

26.1 A capacitação e o tratamento dos jovens colocados em instituições têm por objetivo assegurar seu cuidado, proteção, educação e formação profissional para permitir-lhes que desempenhem um papel construtivo e produtivo na sociedade.

26.2 Os jovens institucionalizados receberão os cuidados, a proteção e toda a assistência necessária social, educacional, profissional, psicológica, médica e física que requeiram devido à sua idade, sexo e personalidade e no interesse do desenvolvimento sadio.

26.3 Os jovens institucionalizados serão mantidos separados dos adultos e serão detidos em estabelecimentos separados ou em partes separadas de um estabelecimento em que estejam detidos adultos.

26.4 A jovem infratora institucionalizada merece especial atenção no que diz respeito às suas necessidades e problemas pessoais. Em nenhum caso receberá menos cuidado, proteção, assistência, tratamento e capacitação que o jovem do sexo masculino. Será garantido seu tratamento equitativo.

26.5 No interesse e para o bem-estar do jovem institucionalizado, os pais e tutores terão direito de acesso às instituições.

26.6 Será estimulada a cooperação interministerial e interdepartamental para proporcionar adequada formação educacional ou, se for o caso, profissional ao jovem institucionalizado, para garantir que, ao sair, não esteja em desvantagem no plano da educação.

27. Aplicação das Regras Mínimas para o Tratamento dos Prisioneiros, aprovadas pelas Nações Unidas

27.1 Em princípio, as Regras Mínimas para o Tratamento dos Prisioneiros e as recomendações conexas serão aplicáveis, sempre que for pertinente, ao tratamento dos jovens infratores institucionalizados, inclusive os que estiverem em prisão preventiva.

27.2 Deverão ser feitos esforços para implementar os princípios relevantes das mencionadas Regras Mínimas na maior medida possível, para satisfazer as necessidades específicas do jovem quanto à sua idade, sexo e personalidade.

28. Uso frequente e imediato da liberdade condicional

28.1 A liberdade condicional da instituição será utilizada pela autoridade pertinente na maior medida possível e será concedida o mais cedo possível

28.2 O jovem liberado condicionalmente de uma instituição será assistido e supervisionado por funcionário designado e receberá total apoio da comunidade.

29. Sistemas semi-institucionais

29.1 Procurar-se-á estabelecer sistemas semi-institucionais, como casas de semiliberdade, lares educativos, centros de capacitação diurnos e outros sistemas apropriados que possam facilitar a adequada reintegração dos jovens na sociedade.

SEXTA PARTE — PESQUISA, PLANEJAMENTO E FORMULAÇÃO DE POLÍTICAS E AVALIAÇÃO

30. A pesquisa como base do planejamento e da formulação e avaliação de políticas

30.1 Procurar-se-á organizar e fomentar as pesquisas necessárias como base do efetivo planejamento e formulação de políticas.

30.2 Procurar-se-á revisar e avaliar periodicamente as tendências, os problemas e as causas da delinquência e da criminalidade de jovens, assim como as diversas necessidades particulares do jovem sob custódia.

30.3 Procurar-se-á estabelecer regularmente um mecanismo de avaliação e pesquisa no sistema de administração da Justiça da Infância e da Juventude, e coletar e analisar os dados e a informação pertinentes com vistas à devida avaliação e ao aperfeiçoamento do sistema.

30.4 A prestação de serviços na administração da Justiça da Infância e da Juventude será sistematicamente planejada e executada como parte integrante dos esforços de desenvolvimento nacional.

5

Regras mínimas das Nações Unidas para a proteção dos jovens privados de liberdade*

O VIII CONGRESSO DAS NAÇÕES UNIDAS SOBRE A PREVENÇÃO DO DELITO E DO TRATAMENTO DO DELINQUENTE

Tendo presentes a Declaração Universal dos Direitos Humanos (Resolução n. 217-A (III) da Assembleia Geral, de 10 de dezembro de 1948); o Pacto Internacional de Direitos Civis e Políticos (Resolução n. 2.200-A (XXI) da Assembleia Geral, anexo, de 16 de dezembro de 1966); a Convenção contra a Tortura e outros Tratamentos ou Penas Cruéis, Desumanas ou Degradantes (Resolução n. 39/46 da Assembleia Geral, de 10 de dezembro de 1984); a Convenção sobre os Direitos da Criança (Resolução n. 44/25 da Assembleia Geral, de 20 de novembro de 1989); como também outros instrumentos internacionais relativos à proteção dos direitos e ao bem-estar dos jovens.

---

* Tradução para o português de Betsáida Dias Capilé. Revisão de Emílio Garcia Mendez e Lidia Galeano.

Tendo, também, presentes as Regras Mínimas para o tratamento dos reclusos[1] aprovadas pelo I Congresso das Nações Unidas sobre Prevenção do Delito e Tratamento do Delinquente,

Tendo presente, também, o conjunto de princípios para a proteção de todas as pessoas submetidas a qualquer forma de detenção ou prisão, aprovado pela Assembleia Geral na sua Resolução n. 43/173, de 9 de dezembro de 1988,

Recordando a Resolução n. 40/33 da Assembleia Geral, de 29 de novembro de 1985 e as Regras Mínimas das Nações Unidas para a administração da Justiça da Infância e da Juventude,

Recordando, também, a Resolução n. 21 do VII Congresso das Nações Unidas sobre a Prevenção do Delito e Tratamento do Delinquente, na qual se pediu a preparação de regras mínimas das Unidas para a proteção dos jovens privados de liberdade,

Recordando, além disso, a seção II da Resolução n. 1.986/10 do Conselho Econômico e Social, de 21 de maio de 1986, na qual, entre outras coisas, foi pedido ao secretário-geral que apresentasse ao Comitê de Prevenção do Delito e Luta contra a Delinquência, no seu décimo período de sessões, um relatório sobre os progressos realizados a respeito das Regras, e também foi pedido ao VIII Congresso das Nações Unidas sobre Prevenção do Delito e Tratamento do Delinquente que examinasse as Regras propostas, com vistas a sua aprovação,

Alarmada pelas condições e circunstâncias pelas quais os jovens estão privados de sua liberdade em todo o mundo,

Conscientes de que os jovens, quando se encontram privados de liberdade, são extremamente vulneráveis aos maus-tratos, à vitimização e à violação de seus direitos,

Preocupada pelo fato de que muitos sistemas não estabelecem diferença entre adultos e jovens nas distintas fases da administração

---

1. Direitos Humanos, recompilação de instrumentos internacionais — publicações das Nações Unidas, nº de venda S.83, XIV I, sec. G.

da justiça e que, em consequência disso, muitos jovens estão detidos em prisões e centros penais junto com os adultos,

1. Afirma que a reclusão de um jovem em um estabelecimento deve ser feita apenas em último caso e pelo menor espaço de tempo necessário;

2. Reconhece que, devido a sua grande vulnerabilidade, os jovens privados de liberdade requerem atenção e proteção especiais e que deverão ser garantidos seus direitos e bem-estar durante o período em que estejam privados de sua liberdade e também após este;

3. Observa, com satisfação, o valioso trabalho da Secretaria e a colaboração estabelecida na preparação das Regras entre a Secretaria e os especialistas, os profissionais, as organizações intergovernamentais, os meios não oficiais, sobretudo a Anistia Internacional, a Defesa das Crianças Internacional — Movimento Internacional e Rãdda Barnen (*Save the Children*, da Suécia), e as instituições científicas que se ocupam dos direitos das crianças e da Justiça da Infância e da Juventude;

4. Aprova o projeto de Regras Mínimas das Nações Unidas para a Proteção dos Jovens Privados de Liberdade, que figura como anexo à presente resolução;

5. Exorta o Comitê de Prevenção do Delito e Luta contra a Delinquência a formular medidas para a aplicação eficaz das Regras, com a assistência dos institutos das Nações Unidas para a prevenção e o tratamento do delinquente;

6. Convida os Estados-membros a adaptarem, sempre que necessário, sua legislação, suas políticas e suas práticas nacionais, particularmente a capacitação de todas as categorias do pessoal da Justiça da Infância e da Juventude, ao espírito das Regras e a chamar para elas a atenção das autoridades competentes e do público em geral;

7. Convida, também, os Estados-membros a informarem ao secretário-geral os seus esforços para aplicar as Regras na legislação, na política e na prática, e a apresentarem relatórios periódicos ao Comitê de Prevenção de Delito e Luta contra a Delinquência das Nações Unidas, sobre os resultados alcançados na sua aplicação;

8. Pede ao secretário-geral que procure dar a maior difusão possível ao texto das Regras em todos os idiomas oficiais das Nações Unidas e convida os Estados-membros a realizarem o mesmo esforço;

9. Pede ao secretário-geral e solicita aos Estados-membros a consignação dos recursos necessários para garantir o bom êxito na aplicação e na execução das Regras, em particular no que se refere à contratação, à capacitação e ao intercâmbio de pessoal da Justiça da Infância e da Juventude de todas as categorias;

10. Insta todos os órgãos competentes do sistema das Nações Unidas, em particular o Fundo das Nações Unidas para a Infância, as comissões regionais e os organismos especializadas, os institutos das Nações Unidas, para a prevenção do delito e o tratamento do delinquente, e todas as organizações intergovernamentais e não governamentais interessadas, a colaborarem com a Secretaria e adotarem as medidas necessárias para garantir um esforço concentrado, dentro de suas respectivas esferas de competência técnica no fomento da aplicação das Regras;

11. Convida a Subcomissão de Prevenção de Discriminações e Proteção às Minorias, da Comissão de Direitos Humanos, a examinar o novo instrumento internacional, com vistas a fomentar a aplicação de suas disposições.

ANEXO

Regras Mínimas das Nações Unidas para a Proteção dos Jovens Privados de Liberdade

I. PERSPECTIVAS FUNDAMENTAIS

1. O sistema de Justiça da Infância e da Juventude deverá respeitar os direitos e a segurança dos jovens e fomentar seu bem-estar físico e mental. Não deveria ser economizado esforço para abolir, na medida do possível, a prisão de jovens.

2. Só se poderá privar de liberdade os jovens de acordo com os princípios e procedimentos estabelecidos nas presentes Regras, assim como nas Regras Mínimas das Nações Unidas para a Administração da Justiça da Infância e da Juventude (Regras de Beijing). A privação de liberdade de um jovem deverá ser decidida apenas em último caso e pelo menor espaço de tempo possível. Deverá ser limitada a casos excepcionais, por exemplo, como efeito de cumprimento de uma sentença depois da condenação, para os tipos mais graves de delitos, e tendo presente, devidamente, todas as circunstâncias e condições do caso. A duração máxima da punição deve ser determinada pela autoridade judicial antes que o jovem seja privado de sua liberdade. Não se deve deter ou prender os jovens sem que nenhuma acusação tenha sido formulada contra eles.

3. O objetivo das seguintes regras é estabelecer normas mínimas aceitas pelas Nações Unidas para a proteção dos jovens privados de liberdade em todas as suas formas, de maneira compatível com os direitos humanos e liberdades fundamentais, e com vistas a se opor aos efeitos prejudiciais de todo tipo de detenção e a fomentar a integração à sociedade.

4. Estas Regras deverão ser aplicadas, imparcialmente, a todos os jovens, sem discriminação de nenhum tipo por razão de raça, cor, sexo, idioma, religião, nacionalidade, opinião política ou de outro tipo, práticas ou crenças culturais, fortuna, nascimento, situação de família, origem étnica ou social ou incapacidade. Deverão ser respeitadas as crenças religiosas e culturais, assim como as práticas e preceitos morais dos jovens.

5. As Regras estão concebidas para servir como padrões práticos de referência. e dar estímulo e orientação aos profissionais que participam da administração do sistema de Justiça da Infância e da Juventude.

6. As Regras deverão estar à disposição do pessoal de Justiça da Infância e da Juventude nos seus idiomas nacionais. Os jovens que não conheçam suficientemente bem o idioma falado pelo pessoal do estabelecimento de detenção deverão ter direito aos serviços de um intérprete, sempre que seja necessário, particularmente durante os reconhecimentos médicos e as autuações disciplinares.

7. Quando necessário, os Estados deverão incorporar as presentes Regras a sua legislação ou modificá-las em consequência, e estabelecer recursos eficazes no caso de falta de observância, incluída a indenização nos casos em que haja prejuízo aos jovens. Além disso, os Estados deverão vigiar a aplicação das Regras.

8. As autoridades competentes procurarão, a todo momento, que o público compreenda, cada vez mais, que o cuidado dos jovens detidos e sua preparação para a reintegração à sociedade constituem um serviço social de grande importância e, portanto, deverão ser adotadas medidas eficazes para fomentar os contatos abertos entre os jovens e a comunidade local.

9. Nenhuma das disposições contidas nas presentes Regras deverá ser interpretada no sentido de se excluir a aplicação dos instrumentos e normas pertinentes das Nações Unidas, nem dos referentes aos direitos humanos, reconhecidos pela comunidade internacional e relativos à atenção e à proteção de todas as crianças e adolescentes.

10. No caso de a aplicação prática das regras específicas contidas nos capítulos II a V, inclusive, das presentes regras, ser incompatível com as regras que figuram na primeira parte, as últimas prevalecerão sobre as primeiras.

II. EFEITOS E APLICAÇÃO DAS REGRAS

11. Devem ser aplicadas, aos efeitos das presentes Regras, as seguintes definições:

a) Entende-se por jovem uma pessoa de idade inferior a 18 anos. A lei deve estabelecer a idade-limite antes da qual a criança não poderá ser privada de sua liberdade;

b) Por privação de liberdade, entende-se toda forma de detenção ou prisão, assim como a internação em outro estabelecimento público ou privado, de onde não se permita a saída livre do jovem, ordenado por qualquer autoridade judicial, administrativa ou outra autoridade pública.

12. A privação da liberdade deverá ser efetuada em condições e circunstâncias que garantam o respeito aos direitos humanos dos jovens. Deverá ser garantido, aos jovens reclusos em centros, o direito a desfrutar de atividades e programas úteis que sirvam para fomentar e garantir seu são desenvolvimento e sua dignidade, promover seu sentido de responsabilidade e fomentar, neles, atitudes e conhecimentos que ajudem a desenvolver suas possibilidades como membros da sociedade.

13. Por razão de sua situação, não se deverá negar aos jovens privados de liberdade seus direitos civis, econômicos, políticos, sociais ou culturais correspondentes, de acordo com a legislação nacional ou internacional e que sejam compatíveis com a privação da liberdade, como, por exemplo, os direitos e prestações da previdência social, a liberdade de associação e, ao alcançar a idade mínima exigida pela lei, o direito de contrair matrimônio.

14. A proteção dos direitos individuais dos jovens no que diz respeito, especialmente, à legalidade da execução das medidas de detenção, será garantida pela autoridade judicial competente, enquanto os objetivos de integração social deverão ser garantidos por um órgão devidamente constituído que esteja autorizado a visitar os jovens e que não pertença à administração do centro de detenção, através de inspeções regulares e outras formas de controle.

15. As Regras presentes são aplicadas a todos os centros e estabelecimentos onde haja jovens privados de liberdade. As Partes I, II, IV e V das Regras se aplicam a todos os centros de estabelecimentos onde haja jovens detidos, enquanto a Parte III se aplica a jovens sob detenção provisória ou em espera de julgamento.

16. As Regras serão aplicadas no contexto das condições econômicas, sociais e culturais predominantes em cada Estado-membro.

III. JOVENS DETIDOS OU EM PRISÃO PREVENTIVA

17. Supõem-se inocentes os jovens detidos sob detenção provisória ou em espera de julgamento ("prisão preventiva") e deverão ser tratados como tais. Na medida do possível, deverá ser evitada, e limitada a circunstâncias excepcionais, a detenção antes da celebração do julgamento. Como consequência, deverá ser feito todo o possível para aplicar medidas substitutivas. Quando, apesar disso, recorrer-se à detenção preventiva, os tribunais de jovens e os órgãos de investigação deverão dar máxima prioridade ao mais rápido andamento possível do trâmite desses casos, para que a detenção seja a menor possível. De todas as maneiras, os jovens detidos ou em espera de julgamento deverão estar separados dos declarados culpados.

18. As condições de detenção de um jovem que não tenha sido julgado deverão ser ajustadas às seguintes regras e a outras disposições concretas que sejam necessárias e apropriadas, dadas as exigências da presunção de inocência, da duração da detenção e da condição e circunstâncias jurídicas dos jovens. Entre essas disposições, figurarão as seguintes, sem que esta enumeração tenha caráter limitativo:

a) Os jovens terão direito à assessoria jurídica e poderão solicitar assistência jurídica gratuita, quando existente, e se comunicar com seus assessores jurídicos. Nessa comunicação, deverá ser respeitada a intimidade e seu caráter confidencial.

b) Deverá ter dada aos jovens a oportunidade de efetuar um trabalho remunerado e de continuar estudos ou capacitação, mas não serão obrigados a isso. Em nenhum caso será mantida a detenção por razões de trabalho, estudos ou capacitação.

c) Os jovens estarão autorizados a receber e conservar materiais de entretenimento e recreio que sejam compatíveis com os interesses da administração da justiça.

IV. ADMINISTRAÇÃO DOS CENTROS DE DETENÇÃO DE JOVENS

A. Antecedentes

19. Todos os relatórios, incluídos os registros jurídicos e médicos, as atas das autuações disciplinares, assim como os demais documentos relacionados com a forma, o conteúdo e os dados do tratamento, deverão formar um expediente pessoal e que deverá ser atualizado, acessível somente a pessoas autorizadas e classificado de maneira que se torne facilmente compreensível. Sempre que possível, todo jovem terá direito a expor objeções a qualquer fato ou opinião que figure no seu expediente, de modo que se possa retificar as afirmações inexatas, infundadas ou injustas. Para o exercício deste direito, seria necessário estabelecer procedimentos que permitissem ao jovem, ou a um terceiro apropriado e independente, ter acesso ao expediente e consultá-lo, se assim o solicitar. A raiz de sua liberação, todo jovem terá o direito de ter seu expediente extinto.

20. Nenhum jovem poderá ser admitido num centro de detenção sem uma ordem de internamento válida de uma autoridade judicial, administrativa ou outra de caráter público. Os detalhes desta ordem deverão ser consignados, imediatamente, no registro. Nenhum jovem será detido em nenhum centro onde não exista esse registro.

B. Ingresso, registro, deslocamento e mudança

21. Em todos os lugares onde haja jovens detidos, deverá ser mantido um registro completo e confiável da seguinte informação relativa a cada um dos jovens admitidos:

a) dados relativos à identidade do jovem;

b) a causa da reclusão, assim como seus motivos e a autoridade que ordenou;

c) o dia e a hora do ingresso, da mudança e da liberação;

d) detalhes da notificação de cada ingresso, mudança ou liberação do jovem aos pais e tutores que estivessem responsáveis no momento de ser internado;

e) detalhes sobre os problemas de saúde física e mental conhecidos, incluído o uso indevido de drogas e álcool.

22. A informação, acima mencionada, relativa ao ingresso, lugar de internação, mudança e liberação, deverá ser notificada, sem demora, aos pais e tutores ou ao parente mais próximo do jovem.

23. Após o ingresso, e o mais rápido possível, serão preparados e apresentados à direção relatórios completos e demais informações pertinentes sobre a situação pessoal e circunstâncias de cada jovem.

24. No momento do ingresso, todos os jovens deverão receber uma cópia do regulamento que rege o centro de detenção e uma descrição completa de seus direitos e obrigações num idioma que possam compreender, junto à direção das autoridades competentes perante as quais podem formular queixas, assim como dos organismos e organizações públicos ou privados que prestem assistência jurídica. Para os jovens analfabetos ou que não possam compreender o idioma de forma escrita, a informação deve ser comunicada de maneira que possa ser completamente compreendida.

25. Todos os jovens deverão ser ajudados a compreender os regulamentos que regem a organização interna do centro, os objetivos e metodologia do tratamento utilizado, as exigências e procedimentos disciplinares, outros métodos utilizados para se obter informação e formular queixas, e qualquer outra questão que facilite a compreensão total de seus direitos e obrigações durante o internamento.

26. O transporte de jovens deverá ser efetuado às custas da administração, em veículos ventilados e iluminados, e em condições que não tragam nenhum sofrimento físico ou moral. Os jovens não serão enviados de um centro a outro, arbitrariamente.

C. Classificação e destinação

27. Depois do ingresso, o jovem será entrevistado o mais rápido possível e será preparado um relatório psicológico e social, onde existam os dados pertinentes ao tipo e nível concretos de tratamento e programa que o jovem requer. Este relatório, junto com outro preparado pelo funcionário médico que recebeu o jovem no momento do ingresso, deverá ser apresentado ao diretor para se decidir o lugar mais adequado para a instalação do jovem no centro e determinar o tipo e o nível necessários de tratamento e de programa que deverão ser aplicados.

28. A detenção de jovens só será feita em condições que levem em conta, plenamente, suas necessidades e situações concretas, assim como os requisitos especiais que exijam sua idade, personalidade, sexo e tipo de delito, e sua saúde física e mental, e que garantam sua proteção contra influências nocivas e situações de risco. O critério principal para separar os diversos grupos de jovens privados de liberdade deverá ser o tipo de assistência que melhor se adapte às necessidades concretas dos interessados e a proteção de seu bem-estar e integridade física, mental e moral.

29. Em todos os centros, os jovens deverão estar separados dos adultos, a não ser que sejam da mesma família. Em condições de supervisão, será possível reunir os jovens com adultos cuidadosamente selecionados, no marco de um programa especial, cuja utilidade para os jovens interessados tenha sido demonstrada de forma incontestável.

30. Devem ser organizados centros de detenção abertos para jovens. Entende-se por centros de detenção abertos aqueles onde as medidas de segurança são escassas ou nulas. A população desses centros de detenção deverá ser a menor possível. O número de jovens internados em centros fechados deverá ser também suficientemente pequeno para que o tratamento possa ter caráter individual. Os centros de detenção para jovens deverão estar descentralizados e ter um tamanho que facilite o acesso das famílias dos jovens e seu contato com elas. Será conveniente estabelecer pequenos centros de detenção e integrá-los ao contexto social, econômico e cultural da comunidade.

D. Ambiente físico e alojamento

31. Os jovens privados de liberdade terão direito a contar com locais e serviços que satisfaçam a todas as exigências da higiene e da dignidade humana.

32. O desenho dos centros de detenção para jovens e o ambiente físico deverão corresponder a sua finalidade, ou seja, a reabilitação dos jovens internados, em tratamento, levando devidamente em conta a sua necessidade de intimidade, de estímulos sensoriais, de possibilidades de associação com seus companheiros e de participação em atividades esportivas, exercícios físicos e atividades de entretenimento. O desenho e a estrutura dos centros de detenção para jovens deverão ser tais que reduzam ao mínimo o perigo de incêndio e garantam uma evacuação segura dos locais. Deverá ser feito um sistema eficaz de alarme para caso de incêndio, assim como procedimentos estabelecidos e devidamente ensaiados que garantam a segurança dos jovens. Os centros de detenção não estarão localizados em zonas de conhecidos riscos para a saúde ou onde existam outros perigos.

33. Os dormitórios deverão ser, normalmente, para pequenos grupos ou individuais, tendo presentes os costumes locais. O isolamento em celas individuais, durante a noite, só poderá ser imposto em casos excepcionais e unicamente pelo menor espaço de tempo possível. Durante a noite, todas as zonas destinadas a dormitórios, inclusive as habitações individuais e os dormitórios coletivos, deverão ter uma vigilância regular e discreta para assegurar a proteção de cada jovem. Cada jovem terá, segundo os costumes locais ou nacionais, roupa de cama individual suficiente, que deverá ser entregue limpa, mantida em bom estado e trocada regulamente por motivo de asseio.

34. As instalações sanitárias deverão ser de um nível adequado e estar localizadas de maneira que o jovem possa satisfazer suas necessidades físicas na intimidade e de forma asseada e decente.

35. A posse de objetos pessoais é um elemento fundamental do direito à intimidade e é indispensável para o bem-estar psicológico do jovem. O direito de todo jovem possuir objetos pessoais e dispor de lugares seguros para guardá-los deverá ser reconhecido e respeitado plenamente. Os objetos pessoais que o jovem decida não conservar ou que sejam confiscados deverão ser depositados em lugar seguro, e se fará um inventário dos mesmos, assinado pelo jovem. Serão tomadas medidas necessárias para que tais objetos sejam conservados em bom estado. Todos os artigos, assim como também o dinheiro, deverão ser restituídos ao jovem em liberdade, salvo o dinheiro autorizado ou os objetos que tenha enviado ao exterior. Se o jovem recebe remédios ou se é descoberto que ele os tem, o médico deverá decidir sobre seu uso.

36. Na medida do possível, os jovens terão direito a usar suas próprias roupas. Os centros de detenção cuidarão para que todos os jovens tenham roupas pessoais apropriadas ao clima e suficientes para mantê-los em boa saúde. Tais roupas não deverão ser, de modo algum, degradantes ou humilhantes. Os jovens que saiam do centro, ou aqueles autorizados a abandoná-lo por qualquer motivo, poderão usar suas próprias roupas.

37. Todos os centros de detenção devem garantir que todo o jovem terá uma alimentação adequadamente preparada e servida nas horas habituais, em qualidade e quantidade que satisfaçam as normas da dietética, da higiene e da saúde e, na medida do possível, as exigências religiosas e culturais. Todo jovem deverá ter, a todo momento, água limpa e potável.

E. Educação, formação profissional e trabalho

38. Todo jovem em idade de escolaridade obrigatória terá o direito de receber um ensino adaptado às suas necessidades e capacidades e destinado a prepará-lo para sua reintegração na sociedade. Sempre que possível, este ensino deverá ser feito fora do estabelecimento, em escolas da comunidade e, em qualquer caso, a cargo de professores competentes, através de programas integrados ao sistema de ensino público para que, quando sejam postos em liberdade, os jovens possam continuar seus estudos sem dificuldade. A administração dos estabelecimentos deverá prestar atenção especial ao ensino dos jovens de origem estrangeira ou com necessidades culturais ou étnicas particulares. Os jovens analfabetos ou que apresentem problemas cognitivos ou de aprendizagem terão direito a receber um ensino especial.

39. Os jovens que já tenham ultrapassado a idade de escolaridade obrigatória e que desejem continuar seus estudos deverão ser autorizados e incentivados nesse sentido, e deverá ser feito todo o possível para que tenham acesso a programas de ensino adequados.

40. Os diplomas ou certificados de estudos outorgados aos jovens durante sua detenção não deverão indicar, de modo algum, que os jovens tenham estado detidos.

41. Todo centro de detenção deverá facilitar o acesso dos jovens a uma biblioteca bem provida de livros e jornais instrutivos e recreativos que sejam adequados, e deverá ser estimulada e permitida a utilização, ao máximo, dos serviços da biblioteca.

42. Todo jovem terá direito a receber formação para exercer uma profissão que o prepare para um futuro emprego.

43. Os jovens poderão optar pela classe de trabalho que desejem realizar, levando devidamente em conta uma seleção profissional racional e as exigências da administração do estabelecimento.

44. Todas as normas nacionais e internacionais de proteção aplicadas ao trabalho da criança e aos trabalhadores jovens deverão ser aplicadas aos jovens privados de liberdade.

45. Sempre que possível, deverá ser dada aos jovens a oportunidade de realizar um trabalho remunerado e, se for factível, no âmbito da comunidade local, que complemente a formação profissional realizada, com o objetivo de aumentar a possibilidade de que encontrem um trabalho conveniente quando se reintegrarem às suas comunidades. O tipo de trabalho deverá ser tal que proporcione uma formação adequada, produtiva para os jovens depois de sua liberação. A organização e os métodos de trabalho regentes nos centros de detenção deverão ser semelhantes, o mais possível, aos que são aplicados em um trabalho similar na comunidade, para que os jovens fiquem preparados para as condições de trabalho normais.

46. Todo jovem que efetue um trabalho terá direito a uma remuneração justa. O interesse dos jovens e de sua formação profissional não deve ser subordinado ao propósito de realizar benefícios para o centro de detenção ou para um terceiro. Uma parte da remuneração do jovem deverá ser reservada para constituir um fundo, que lhe será entregue quando posto em liberdade. O jovem deverá ter o direito de utilizar o restante dessa remuneração para adquirir objetos de uso pessoal, indenizar a vítima prejudicada pelo seu delito, ou enviar à família ou a outras pessoas fora do centro.

F. Atividades recreativas

47. Todo jovem deverá dispor, diariamente, de tempo disponível para praticar exercícios físicos ao ar livre, se o tempo permitir, durante o qual se proporcionará normalmente uma educação recreativa e física adequada. Para tais atividades, serão colocados à sua disposição terreno suficiente, instalações e equipamentos necessários. Todo jovem deverá dispor, diariamente, de tempo adicional para atividades de entretenimento, parte das quais deverão ser dedicadas, se o jovem assim o desejar, a desenvolver aptidões nas artes. O centro de detenção deverá verificar se todo jovem é fisicamente apto para participar dos programas de educação física disponíveis. Deverá ser oferecida educação física corretiva e terapêutica, sob supervisão médica, aos jovens necessitados.

G. Religião

48. Todo jovem terá o direito de cumprir os preceitos de sua religião, participar dos cultos ou reuniões organizados no estabelecimento ou celebrar seus próprios cultos e ter em seu poder livros ou objetos de culto e de instrução religiosa de seu credo. Se no centro de detenção houver um número suficiente de jovens que professam uma determinada religião, deverá ser nomeado ou admitir-se-á um ou mais representantes autorizados desse culto que poderão organizar, periodicamente, cultos religiosos e efetuar visitas pastorais particulares aos jovens de sua religião. Todo jovem terá o direito de receber visitas de um representante qualificado de qualquer religião legalmente reconhecida como de sua escolha, de não participar de cultos religiosos e de recusar livremente o ensino, a assessoria e a doutrinação religiosa.

H. Atenção médica

49. Todo jovem deverá receber atenção médica adequada, tanto preventiva como corretiva, incluída a atenção odontológica, oftalmológica e de saúde mental, assim como os produtos farmacêuticos e dietas especiais que tenham sido receitados pelo médico. Normalmente, toda esta atenção médica deverá ser prestada aos jovens reclusos através dos serviços e instalações sanitários apropriados da comunidade onde esteja localizado o centro de detenção, com o objetivo de evitar que se estigmatize o jovem e de promover sua dignidade pessoal e sua integração à comunidade.

50. Todo jovem terá o direito a ser examinado por um médico, imediatamente depois de seu ingresso em um centro de jovens, com o objetivo de se constatar qualquer prova de maus-tratos anteriores e verificar qualquer estado físico ou mental que requeira atenção médica.

51. Os serviços médicos à disposição dos jovens deverão tratar de detectar e cuidar de toda doença física ou mental, todo uso indevido de substância e qualquer outro estado que possa constituir um obstáculo para a integração do jovem na sociedade. Todo centro de detenção de jovens deverá ter acesso imediato a instalações e equipamentos médicos adequados que tenham relação com o número e as necessidades de seus residentes, assim como a pessoal capacitado em saúde preventiva e em tratamento de urgências médicas. Todo jovem que esteja doente, apresente sintomas de dificuldades físicas ou mentais ou se queixe de doença, deverá ser examinado rapidamente por um funcionário médico.

52. Todo funcionário médico que tenha razões para estimar que a saúde física ou mental de um jovem tenha sido afetada, ou possa vir a ser, pela prolongada reclusão, greve de fome ou qualquer circunstância da reclusão, deverá comunicar este fato imediatamente ao diretor do estabelecimento e à autoridade independente responsável pelo bem-estar do jovem.

53. Todo jovem que sofra de uma doença deverá receber tratamento numa instituição especializada sob supervisão médica independente. Serão adotadas medidas, de acordo com organismos competentes, para que, caso seja necessário, possa continuar o tratamento sanitário mental depois da liberação.

54. Os centros de detenção deverão organizar programas de prevenção do uso indevido de drogas e de reabilitação, administrados por pessoal qualificado. Estes programas deverão ser adaptados à idade, sexo e a outras circunstâncias dos jovens interessados, e deverão ser oferecidos serviços de desintoxicação, dotados de pessoal qualificado, aos jovens toxicômanos ou alcoólatras.

55. Somente serão receitados remédios para um tratamento necessário ou por razões médicas e, quando possível, depois do consentimento do jovem. Em particular, nunca serão receitados para se obter informação ou confissão, nem como castigo ou meio de reprimir o jovem. Os jovens nunca servirão como objeto para experimentar o emprego de remédios ou tratamentos. O uso de qualquer remédio deverá sempre ser autorizado e efetuado pelo médico qualificado.

I. Verificação da doença, de acidente e morte

56. A família ou o tutor de um jovem, ou qualquer outra pessoa designada por ele, têm o direito de ser informados, caso solicitem, sobre o estado do jovem e qualquer mudança que aconteça nesse sentido. Em caso de falecimento, doença que requeira o envio do jovem a um centro médico fora do centro ou um estado que exija tratamento por mais de 48 horas no serviço clínico do centro de detenção, o diretor do centro deverá avisar, imediatamente, à família, ao tutor ou a qualquer outra pessoa designada pelo jovem.

57. Em caso de falecimento de um jovem durante o período de privação de liberdade, o parente mais próximo terá o direito de examinar a certidão de óbito, de ver o cadáver e de decidir seu destino. Em caso de falecimento de um jovem durante sua detenção, deverá ser feita uma pesquisa independente sobre as causas da morte, cujas conclusões deverão ficar à disposição do parente mais próximo. Tal pesquisa deverá ser feita quando a morte do jovem ocorrer dentro dos seis meses seguintes à data de sua liberação, e quando houver suspeita de que a morte tem relação com o período de reclusão.

58. O jovem deverá ser informado, imediatamente, da morte ou da doença ou de um acidente grave com um familiar e poderá ir ao enterro ou, em caso de doença grave de um parente, ir visitar o enfermo.

J. Contatos com a comunidade em geral

59. Deverão ser utilizados todos os meios para garantir uma comunicação adequada dos jovens com o mundo exterior, comunicação esta que é parte integrante do direito a um tratamento justo e humanitário e é indispensável para a reintegração dos jovens à sociedade. Deverá ser permitida aos jovens a comunicação com seus familiares, seus amigos e outras pessoas ou representantes de organizações prestigiosas do exterior; sair dos centros de detenção para visitar seu lar e sua família e obter permissão especial para sair do estabelecimento por motivos educativos, profissionais ou outras razões importantes. Em caso de o jovem estar cumprindo uma pena, o tempo passado fora do estabelecimento deverá ser contado como parte do período de cumprimento da sentença.

60. Todo jovem deverá ter o direito de receber visitas regulares e frequentes, a princípio uma vez por semana e, pelo menos, uma vez por mês, em condições que respeitem a necessidade de intimidade do jovem, o contato e a comunicação, sem restrições, com a família e com o advogado de defesa.

61. Todo jovem terá o direito de se comunicar por escrito ou por telefone, pelo menos duas vezes por semana, com a pessoa de sua escolha, salvo se, legalmente, não puder fazer uso desse direito, e deverá receber a assistência necessária para que possa exercer eficazmente esse direito. Todo jovem terá o direito a receber toda a correspondência a ele dirigida.

62. Os jovens deverão ter a oportunidade de se informar, periodicamente, dos acontecimentos através de jornais, revistas ou outras publicações, programas de rádio, televisão e cinema, como também através de visitas dos representantes de qualquer clube ou organização de caráter legal que o jovem esteja interessado.

K. Limitações da coerção física e o uso da força

63. O uso de instrumentos de coerção e da força, com qualquer fim, deverá ser proibido, salvo nos casos estabelecidos no artigo 64.

64. Somente em casos excepcionais se poderá usar a força ou instrumentos de coerção, quando todos os demais meios de controle tenham se esgotado e fracassado, e apenas pela forma expressamente autorizada e descrita por uma lei ou regulamento. Esses instrumentos não deverão causar lesão, dor, humilhação, nem degradação, e deverão ser usados de forma restrita e pelo menor período de tempo possível. Por ordem do diretor da administração, estes instrumentos poderão ser utilizados para impedir que o menor prejudique a outros ou a si mesmo ou cause sérios danos materiais. Nesse caso, o diretor deverá consultar, imediatamente, o pessoal médico e outro pessoal competente e informar à autoridade administrativa superior.

65. Em todo centro onde haja jovens detidos, deverá ser proibido o porte e o uso de armas por parte dos funcionários.

L. Procedimentos disciplinares

66. Todas as medidas e procedimentos disciplinares deverão contribuir para a segurança e para uma vida comunitária ordenada e ser compatíveis com o respeito à dignidade inerente do jovem e com o objetivo fundamental do tratamento institucional, ou seja, infundir um sentimento de justiça e de respeito por si mesmo e pelos direitos fundamentais de toda pessoa.

67. Todas as medidas disciplinares que sejam cruéis, desumanas ou degradantes, estarão estritamente proibidas, incluídos os castigos corporais, o recolhimento em cela escura e as penalidades de isolamento ou de solitária, assim como qualquer outro castigo que possa pôr em perigo a saúde física ou mental do menor. A redução de alimentos e a restrição ou proibição de contato com familiares estarão proibidas, seja qual for a finalidade. O trabalho será considerado, sempre, um instrumento de educação e um meio de promover o respeito próprio do jovem, como preparação para sua reintegração à comunidade, e nunca deverá ser imposto como castigo disciplinar. Nenhum jovem poderá ser castigado mais de uma vez pela mesma infração. Os castigos coletivos devem ser proibidos.

68. As leis ou regulamentos aprovados pela autoridade administrativa competente deverão estabelecer normas relativas aos seguintes pontos, levando-se em conta as características, necessidades e direitos fundamentais do jovem:

a) a conduta que seja uma infração disciplinar;

b) o caráter e a duração dos castigos disciplinares que podem ser aplicados;

c) a autoridade competente para impor estes castigos;

d) a autoridade competente no grau de apelação.

69. Um relatório de má conduta deverá ser apresentado, imediatamente, à autoridade competente com que deverá decidir a respeito, sem delongas injustificadas. A autoridade competente deverá examinar o caso com cuidado.

70. Um castigo disciplinar só será imposto a um jovem se estiver estritamente de acordo com o disposto nas leis ou regulamentos em vigor. Nenhum jovem será castigado sem que tenha sido devidamente informado da infração que o acusam, de maneira que possa entender, e sem que tenha a oportunidade de se defender, incluído o direito apelar a uma autoridade competente imparcial. Deverá ser feita uma ata completa com todas as autuações disciplinares.

71. Nenhum jovem deverá ter, a seu encargo, funções disciplinares, salvo no que se refere à supervisão de certas atividades sociais, educativas ou esportivas de autogestão.

M. Inspeção a reclamações

72. Os inspetores qualificados ou uma entidade devidamente constituída, de nível equivalente, que não pertençam à administração do centro deverão ter a faculdade de efetuar visitas periódicas, sem prévio aviso, por iniciativa própria e gozar de plenas garantias de independência no exercício desta função. Os inspetores deverão ter acesso, sem restrição, a todas as pessoas empregadas ou que trabalhem nos estabelecimentos ou instalações onde haja, ou possa haver, jovens privados de liberdade, e a todos os jovens e a toda a documentação dos estabelecimentos.

73. Nas inspeções, deverão participar funcionários médicos especializados, adscritos à entidade inspetora ou a serviço da saúde pública, os quais deverão avaliar o cumprimento das regras relativas ao ambiente físico, à higiene, ao alojamento, à comida, ao exercício e aos serviços médicos, assim como a quaisquer outros aspectos ou condições da vida do centro que afetem a saúde física e mental dos jovens. Todos os jovens terão direito a falar confidencialmente com os inspetores.

74. Terminada a inspeção, o inspetor deverá apresentar um relatório com suas conclusões. Este relatório incluirá uma avaliação da forma como o centro de detenção observa as presentes regras e disposições pertinentes da legislação nacional, assim como recomendações sobre as medidas consideradas necessárias para garantir seu cumprimento. Todo ato descoberto por um inspetor, que indique uma violação das disposições legais relativas aos direitos dos jovens ou ao funcionamento do centro de detenção, deverá ser comunicado às autoridades competentes para investigação e para que se exija as responsabilidades correspondentes.

75. Todo jovem deverá ter a oportunidade de apresentar, a todo momento, petições ou queixas ao diretor do estabelecimento ou a seu representante autorizado.

76. Todo jovem terá direito de enviar, pela via prescrita e sem censura quanto ao conteúdo, uma petição ou queixa à administração central dos estabelecimentos para jovens, à autoridade judicial ou a qualquer outra autoridade competente, e a ser informado, sem demora, da resposta.

77. Deverá se tentar criar um escritório independente (*ombudsman*) encarregado de receber e pesquisar as queixas formuladas pelos jovens privados de sua liberdade e de ajudar na obtenção de soluções equitativas.

78. Para a formulação de uma queixa, todo jovem terá o direito de solicitar assistência aos membros de sua família, a assessores jurídicos, a grupos humanitários ou outros, quando possível. Será prestada assistência aos jovens analfabetos, quando estes necessitem recorrer aos serviços de organismos ou organizações públicas ou privadas, que oferecem assessoria jurídica ou que sejam competentes para receber reclamações.

N. Reintegração na sociedade

79. Todos os jovens deverão ser beneficiados com medidas concebidas para ajudar sua reintegração na sociedade, na vida familiar, na educação ou no trabalho depois de postos em liberdade. Para tal fim, deverão ser estabelecidos certos procedimentos, inclusive a liberdade antecipada, e cursos especiais.

80. As autoridades competentes deverão criar ou recorrer a serviços que ajudem a reintegração dos jovens na sociedade, e contribuam para diminuir os preconceitos existentes contra eles. Estes serviços, na medida do possível, deverão proporcionar alojamento, trabalho e roupas convenientes ao jovem, assim como os meios necessários para sua subsistência depois de sua liberação. Os representantes de organismos que prestam estes serviços deverão ser consultados, e terão acesso aos jovens durante sua reclusão, com vistas à assistência que possam prestar para sua reintegração na comunidade.

O. Funcionários

81. O pessoal deverá ser competente e contar com um número suficiente de especialistas, como educadores, instrutores profissionais, assessores, assistentes sociais, psiquiatras e psicólogos. Normalmente, estes funcionários e outros especialistas deverão formar parte do pessoal permanente, mas isso não excluirá os auxiliares de tempo parcial ou voluntários, quando for apropriado, e trouxer benefícios ao estabelecimento. Os centros de detenção deverão aproveitar todas as possibilidades e modalidades de assistência corretiva, educativa, moral, espiritual e de outra índole que estejam disponíveis na comunidade e que sejam idôneas, em função das necessidades e dos problemas particulares dos jovens reclusos.

82. A administração deverá selecionar e contratar, cuidadosamente, pessoal de todas as classes e categorias, já que o bom andamento dos centros de detenção depende da integridade, atitude humanitária, capacidade e competência dos funcionários para tratar os jovens, assim como os seus dotes pessoais para o trabalho.

83. Para alcançar tais objetivos, deverão ser designados funcionários profissionais, com remuneração suficiente para atrair e reter homens e mulheres capazes. Deverá ser dado, a todo momento, estímulo aos funcionários dos centros de detenção de jovens para que desempenhem suas funções e obrigações profissionais de forma humanitária, dedicada, profissional, justa e eficaz, comportem-se, a todo momento, de tal maneira que mereçam e obtenham o respeito dos jovens, e sejam, para estes, um modelo e uma perspectiva positivos.

84. A administração deverá adotar formas de organização e de gestão que facilitem a comunicação entre as diferentes categorias de funcionários de cada centro de detenção, para que seja intensificada a cooperação entre os diversos serviços dedicados à atenção de jovens, também entre o pessoal e a administração, com vistas a conseguir que o pessoal em contato direto com os jovens possa atuar em condições que favoreçam o desempenho eficaz de suas tarefas.

85. O pessoal deverá receber uma formação que permita o desempenho eficaz de suas funções, particularmente a capacitação em psicologia infantil, proteção da infância e critérios e normas internacionais de direitos humanos e direitos da criança, incluídas as presentes Regras. O pessoal deverá manter e aperfeiçoar seus conhecimentos e capacidade profissional, comparecendo a cursos de formação no serviço, que serão organizados, periodicamente.

86. O diretor do centro deverá estar devidamente qualificado para sua função, por sua capacidade administrativa, por uma formação adequada e por sua experiência na matéria, e deverá dispor de todo o seu tempo para a sua função oficial.

87. No desempenho de suas funções, o pessoal dos centros de detenção deverá respeitar e proteger a dignidade e os direitos humanos fundamentais de todos os jovens, especialmente:

a) nenhum membro do pessoal do centro de detenção ou da instituição deverá infligir, instigar ou tolerar nenhum ato de tortura, nem forma alguma de tratamento, castigo ou medida corretiva ou disciplinar severa, cruel, desumana ou degradante, sob nenhum pretexto ou circunstância de qualquer tipo;

b) todo o pessoal deverá impedir e combater, severamente, todo ato de corrupção, comunicando-o, sem demora, às autoridades competentes;

c) todo o pessoal deverá respeitar estas Regras. Quando tiverem motivos para suspeitar que estas Regras foram gravemente violadas, ou possam vir a ser, deverão comunicar as suas autoridades superiores ou órgãos competentes com responsabilidade para supervisionar ou remediar a situação;

d) todo o pessoal deverá velar pela total proteção da saúde física e mental dos jovens, incluída a proteção contra a exploração e maus-tratos físicos, sexuais e afetivos e deverá adotar, com urgência, medidas para que recebam atenção médica, sempre que necessário;

e) todo o pessoal deverá respeitar o direito dos jovens à intimidade e deverá respeitar, em particular, todas as questões confidenciais relativas aos jovens ou às suas famílias que cheguem a conhecer no exercício de sua atividade profissional;

f) todo o pessoal deverá reduzir, ao mínimo, as diferenças entre a vida dentro e fora do centro de detenção que tendam a diminuir o devido respeito à dignidade dos jovens como seres humanos.

6

Código de Conduta para os funcionários responsáveis pela aplicação da lei*

Introdução

Um Código de Conduta para os funcionários responsáveis pela aplicação da lei estabelecendo que todos aqueles que exercem poderes de polícia devem respeitar e proteger a dignidade humana e defender os direitos humanos de todas as pessoas, foi adotado pela Assembleia Geral das Nações Unidas, no dia 17 de dezembro de 1979.

A Assembleia recomendou aos governos que estudassem o uso do Código de Conduta no quadro da legislação ou da prática nacional, como um corpo de princípios a ser observado pelos funcionários responsáveis pela aplicação da lei. Uma resolução estabelecendo o Código de Conduta (n. 34/169) declarou que a natureza das funções

---

* O presente documento foi transcrito fielmente da versão realizada pela Anistia Internacional para o idioma português, tal qual se apresenta em Portugal (Direitos Humanos — Breve Recompilação de Normas Internacionais, Anistia Internacional).

de aplicação da lei em defesa da ordem pública e a maneira pela qual estas funções eram exercidas tinham um impacto direto na qualidade de vida dos indivíduos, como também na sociedade como um todo.

A Assembleia afirmou que estava consciente da importante tarefa que os agentes policiais estavam realizando diligentemente e com dignidade, mas também estava consciente, no entanto, do potencial de abuso acarretado pelo exercício de tais deveres.

Além de exortar todos os funcionários responsáveis pela aplicação da lei a defenderem os direitos humanos, o Código de Conduta, entre outras coisas, proíbe a tortura, estabelece que a força só pode ser usada quando estritamente necessária e exige proteção completa para a saúde das pessoas detidas.

Cada um dos oito artigos do Código de Conduta é acompanhado com um comentário com informações destinadas a facilitar o uso do Código no quadro da legislação nacional ou da sua prática.

O texto do Código de Conduta é apresentado a seguir.

Artigo 1°

Os funcionários responsáveis pela aplicação da lei devem sempre cumprir o dever que a lei lhes impõe, servindo a comunidade e protegendo todas as pessoas contra atos ilegais, em conformidade com o elevado grau de responsabilidade que sua profissão requer.

Comentário:

a) O termo "funcionários responsáveis pela aplicação da lei" inclui todos os agentes da lei, quer nomeados, quer eleitos, que exerçam poderes policiais, especialmente poderes de prisão ou detenção.

b) Nos países onde os poderes policiais são exercidos por autoridades militares, quer em uniforme, quer não, ou por forças de segurança do Estado, será entendido que a definição dos funcionários responsáveis pela aplicação da lei incluirá os funcionários de tais serviços.

c) O serviço à comunidade deve incluir particularmente a prestação de serviço de assistência aos membros da comunidade que por razões de ordem pessoal, econômica, social e outras emergências, necessitam de ajuda imediata.

d) Esta cláusula deve incluir não só todos os atos violentos, destruidores e prejudiciais, mas também toda a gama de proibições sujeitas a medidas penais. Estende-se à conduta de pessoas não suscetíveis de incorrerem em responsabilidade criminal.

Artigo 2°

No cumprimento do dever, os funcionários responsáveis pela aplicação da lei devem respeitar e proteger a dignidade humana, manter e apoiar os direitos humanos de todas as pessoas.

Comentário:

a) Os direitos humanos em questão são identificados e protegidos pelo direito nacional e internacional. Dentre os instrumentos internacionais relevantes contam-se a Declaração Universal dos Direitos do Homem, Pacto Internacional sobre Direitos Civis e Políticos, Declaração sobre a Proteção de Todas as Pessoas contra a Tortura e outros Tratamentos Cruéis Desumanos e Degradantes, a Declaração das Nações Unidas sobre a Eliminação de Todas as Formas de Discriminação Racial, a Convenção Internacional sobre a Supressão e Punição do Crime de Apartheid, a Convenção sobre Prevenção e Punição do Crime de Genocídio, as Regras Mínimas para o Tratamento de Presos, e a Convenção de Viena sobre as Relações Consulares.

b) Os comentários nacionais a esta cláusula devem indicar as provisões regionais ou nacionais que identificam e protegem estes direitos.

Artigo 3°

Os funcionários responsáveis pela aplicação da lei só podem empregar a força quando estritamente necessária e na medida exigida para o cumprimento de seu dever.

Comentário:

a) Esta cláusula salienta que o emprego da força por parte dos funcionários responsáveis pela aplicação da lei deve ser excepcional. Embora admita que estes funcionários possam estar autorizados a utilizar a força de uma forma razoável, conforme as circunstâncias, para a prevenção do crime ou ao efetuar ou ajudar à detenção legal de transgressores ou de suspeitos, qualquer outra força empregue fora deste contexto não é permitida.

b) A lei nacional normalmente restringe o emprego da força aos funcionários responsáveis pela aplicação da lei de acordo com o princípio da proporcionalidade. Deve-se entender que tais princípios nacionais de proporcionalidade devem ser respeitados na interpretação desta cláusula. De nenhuma maneira esta cláusula deve ser interpretada no sentido da autorização do emprego da força em desproporção com o legítimo objetivo a atingir.

c) O emprego de armas de fogo é considerado uma medida extrema. Devem-se fazer todos os esforços no sentido de excluir a utilização de armas de fogo, especialmente contra crianças. Em geral, só se deveriam utilizar armas de fogo quando um suspeito oferece resistência armada, ou, de outro modo, põe em risco a vida alheia, se não forem suficientes medidas menos extremas para dominar ou deter o delinquente suspeito. Cada vez que uma arma de fogo for disparada, deve-se fazer rapidamente um relatório às autoridades competentes.

Artigo 4º

Os assuntos de natureza confidencial em poder dos funcionários responsáveis pela aplicação da lei devem ser mantidos confidenciais, a não ser que o cumprimento do dever ou a necessidade de justiça estritamente exijam outro comportamento.

Comentário:

Devido à natureza dos seus deveres, os funcionários responsáveis pela aplicação da lei obtêm informações que podem relacionar-se com a vida particular de outras pessoas ou ser potencialmente prejudiciais aos seus interesses, e especialmente à sua reputação. Deve-se ter a máxima cautela na salvaguarda e utilização dessas informações, as quais só deveriam ser divulgadas no desempenho do dever ou ao serviço de necessidades da justiça. Qualquer divulgação dessas informações para outros fins é totalmente imprópria.

Artigo 5º

Nenhum funcionário responsável pela aplicação da lei pode infligir, instigar ou tolerar qualquer ato de tortura ou qualquer outro tratamento ou pena cruel, desumano ou degradante, nem nenhum desses funcionários pode invocar ordens superiores ou circunstanciais excepcionais, tais como o estado de guerra ou a ameaça de guerra, uma ameaça à segurança nacional, instabilidade política interna ou qualquer outra emergência pública como justificação para torturas ou outros tratamentos ou penas cruéis, desumanos ou degradantes.

Comentário:

a) Esta proibição deriva da Declaração sobre a Proteção de Todas as Pessoas contra a Tortura e outros Tratamentos ou Penas Cruéis Desumanos ou Degradantes, adotada pela Assembleia Geral, de acordo com a qual:

"(tal ato é) uma ofensa contra a dignidade humana e será condenado como uma negação aos propósitos da Carta das Nações Unidas e como uma violação aos direitos humanos e liberdades fundamentais afirmados na Declaração Universal dos Direitos do Homem (e em outros instrumentos internacionais sobre os Direitos Humanos)".

b) A Declaração define tortura da seguinte forma:

"tortura significa qualquer ato pelo qual uma dor violenta ou sofrimento físico ou mental é imposto intencionalmente a uma pessoa por um funcionário público, ou por sua instigação, com objetivos tais como obter dela ou de uma terceira pessoa informação ou confissão, punindo-a por um ato que tenha cometido ou se suponha tenha cometido, ou intimidando-a ou a outras pessoas. Não se trata de dor ou sofrimento apenas resultantes, inerente ou consequência de sanções legais, até o ponto em que são coerentes com as Regras Mínimas para o Tratamento de Presos".

c) O termo "tratamento ou penas cruéis, desumanos ou degradantes" não foi definido pela Assembleia Geral, mas deveria ser interpretado de forma a abranger o mais amplamente possível a proteção contra abusos, quer físicos quer mentais.

Artigo 6°

Os funcionários responsáveis pela aplicação da lei devem assegurar a proteção da saúde das pessoas à sua guarda e, em especial, devem tomar as medidas imediatas para assegurar os cuidados médicos sempre que necessário.

Comentário:

a) "Cuidados Médicos", significando serviços prestados por qualquer pessoal médico, incluindo médicos possuidores de certificados, e paramédicos, devem ser assegurados quando necessários ou solicitados.

b) Embora provavelmente o pessoal médico esteja ligado à ação da aplicação da lei, os funcionários responsáveis pela aplicação da lei devem tomar em consideração a opinião de tal pessoal, quando este recomendar que deve proporcionar-se à pessoa detida tratamento adequado, através ou em colaboração com pessoal médico não ligado à aplicação da lei.

c) Subentende-se que os funcionários responsáveis pela aplicação da lei devem assegurar também cuidados médicos às vítimas de violação da lei ou de acidentes que decorram no decurso de violações da lei.

Artigo 7º

Os funcionários responsáveis pela aplicação da lei não devem cometer qualquer ato de corrupção. Também se devem opor rigorosamente e combater todos estes atos.

Comentário:

a) Qualquer ato de corrupção, tal como qualquer outro abuso de autoridade, é incompatível com a profissão dos funcionários responsáveis pela aplicação da lei. A lei deve ser aplicada na íntegra em relação a qualquer destes funcionários que cometa um ato de corrupção, dado que os governos não podem esperar aplicar a lei entre os cidadãos se não puderem, ou não aplicarem a lei contra os seus próprios agentes e dentro dos seus próprios organismos.

b) Embora a definição de corrupção deva estar sujeita à legislação nacional, deve entender-se como incluindo a execução ou omissão de um ato no desempenho ou em relação a qualquer dever, em contrapartida de ofertas, promessas ou incentivos pedidos ou aceitos, ou com aceitação ilícita destes, uma vez a ação cometida ou omitida.

c) A expressão "ato de corrupção", anteriormente referida, deveria ser entendida no sentido de abranger tentativas de corrupção.

Artigo 8º

Os funcionários responsáveis pela aplicação da lei devem respeitar a lei e este Código. Devem, também, na medida das suas possibilidades, evitar e opor-se rigorosamente a quaisquer violações da lei e do Código. Os funcionários responsáveis pela aplicação da lei que tiverem motivos para acreditar que houve ou que está para haver uma violação deste Código, devem comunicar o fato aos seus superiores e, se necessário, a outras autoridades adequadas ou organismos com poderes de revisão e reparação.

Comentário:

a) Este Código será observado sempre que tenha sido incorporado na legislação nacional ou na sua prática. Se a legislação ou a prática contiverem disposições mais limitativas do que a atual do Código, devem-se observar estas disposições mais limitativas.

b) O artigo procura preservar o equilíbrio entre a necessidade de disciplina interna do organismo do qual em larga escala depende a segurança pública, por um lado, e a necessidade de, por outro lado, cuidar das violações dos direitos humanos básicos. Os funcionários responsáveis pela aplicação da lei devem relatar as violações no âmbito da via hierárquica somente quando não houver outros meios disponíveis ou eficazes.

Subentende-se que os funcionários responsáveis pela aplicação da lei não devem sofrer sanções administrativas ou de outra natureza pelo fato de terem comunicado que houve ou que está prestes a haver uma violação deste Código.

c) O termo "autoridades adequadas ou organismos investidos com poderes de revisão e reparação" refere-se a qualquer autoridade ou organismo existente ao abrigo da legislação nacional, quer relativos aos organismos de aplicação da lei, quer independentes destes, com poderes estatutários, consuetudinários, ou outros para examinarem injustiças e queixas resultantes de violações no âmbito deste Código.

d) Em alguns países, pode considerar-se que os meios de comunicação social (*mass media*) desempenham funções de exame de queixas, análogas às descritas na alínea anterior. A atuação dos funcionários responsáveis pela aplicação da lei poderá, portanto, justificar-se e, como último recurso, e de acordo com as leis e os costumes dos próprios países e com as disposições do artigo 4º deste Código, através dos meios de comunicação social, apresentarem à consideração da opinião pública as violações a este Código.

e) Os funcionários responsáveis pela aplicação da lei que cumpram as disposições deste Código merecem o respeito, o total apoio e a colaboração da sociedade, do organismo de aplicação da lei no qual servem e da comunidade policial.

7

Diretrizes das Nações Unidas para a prevenção da delinquência juvenil — Diretrizes de Riad*

O VIII CONGRESSO DAS NAÇÕES UNIDAS SOBRE PREVENÇÃO DO DELITO E TRATAMENTO DO DELINQUENTE

Tendo presentes a Declaração Universal dos Direitos Humanos (Resolução n. 217-A (III) da Assembleia Geral, de 10 de dezembro de 1948); o Pacto Internacional de Direitos Econômicos, Sociais e Culturais e o Pacto Internacional de Direitos Civis e Políticos (Resolução n. 2.200-A (XXI) da Assembleia Geral, anexo, de 16 de dezembro de 1966); como também outros instrumentos internacionais relativos aos direitos e ao bem-estar dos jovens, entre eles as normas pertinentes estabelecidas pela Organização Internacional do Trabalho,

Tendo presentes, do mesmo modo, a Declaração de Direitos da Criança (Resolução n. 1.386 (XIV) da Assembleia Geral, de 20 de novembro de 1959); a Convenção sobre os Direitos da Criança (Resolução n. 44/25 da Assembleia Geral, de 20 de novembro de 1989); e as

* Tradução para o português de Betsáida Dias Capilé. Revisão de Emílio García Mendez e Lídia Galeano.

Regras Mínimas das Nações Unidas para a Administração da Justiça da Infância e da Juventude — Regras de Beijing (Resolução n. 40/33 da Assembleia Geral, de 29 de novembro de 1985),

Recordando a Resolução n. 40/33, de 29 de novembro de 1985, da Assembleia Geral que, entre outras coisas, aprovou as Regras Mínimas das Nações Unidas para a administração da justiça de jovens por recomendação do VII Congresso das Nações Unidas sobre Prevenção do Delito e Tratamento do Delinquente,

Recordando também que a Assembleia Geral, em sua Resolução n. 40/35, de 29 de novembro de 1985, aprovada por recomendação do VII Congresso das Nações Unidas, pediu que se elaborassem critérios sobre esse tema que fossem de utilidade para os Estados-membros na formulação e execução de programas e políticas especializados, dando ênfase às atividades de assistência e cuidado e à participação da comunidade, e pedindo ao Conselho Econômico e Social que informasse ao VIII Congresso das Nações Unidas sobre Prevenção do Delito e Tratamento do Delinquente sobre os progressos feitos a respeito desses critérios para que fossem examinados e se chegasse a uma decisão,

Recordando, do mesmo modo, a Resolução n. 1.986/10 do Conselho Econômico e Social, de 21 de maio de 1986, pela qual se pediu ao VIII Congresso que examinasse o projeto das diretrizes para a prevenção da delinquência juvenil, visando a sua aprovação,

Reconhecendo que é necessário estabelecer critérios e estratégias nacionais, regionais e inter-regionais para prevenir a delinquência juvenil,

Afirmando que toda criança goza de direitos humanos fundamentais, particularmente o acesso à educação gratuita,

Tendo presente o grande número de jovens que, estando ou não em conflito com a lei, encontram-se abandonados, sem atenção, maltratados, expostos ao uso indevido das drogas, marginalizados e, em geral, expostos a risco social,

Tendo em conta os benefícios das medidas progressistas para a prevenção da delinquência e para o bem-estar da comunidade,

1. Reconhece, com satisfação, o importante trabalho realizado pelo Comitê de Prevenção do Delito e Luta contra a Delinquência e pela Secretaria na preparação das diretrizes para a prevenção da delinquência juvenil;

2. Expressa seu reconhecimento pela valiosa colaboração do Centro Árabe de Capacitação e de Estudos de Segurança de Riad, que recebeu a Reunião Internacional de Especialistas sobre o estabelecimento do projeto de normas das Nações Unidas para a prevenção da delinquência juvenil, em Riad, de 28 de fevereiro a 1º de março de 1988, com a colaboração do Escritório das Nações Unidas em Viena;

3. Aprova as diretrizes para a prevenção da delinquência juvenil, figurada no anexo da presente resolução, com o nome de "Diretrizes de Riad";

4. Exorta os Estados-membros para que, nos seus planos globais de prevenção de delito, apliquem essas diretrizes na legislação, na política e na prática nacionais e consigam a atenção das autoridades competentes, inclusive dos encarregados de formular políticas, do pessoal da Justiça da Infância e da Juventude, dos educadores, dos meios sociais de comunicação, dos profissionais e dos estudiosos;

5. Pede ao secretário-geral que procure dar a maior difusão possível ao texto das diretrizes em todos os idiomas oficiais das Nações Unidas e convida os Estados-membros para que façam o mesmo;

6. Pede, além disso, ao secretário-geral um esforço conciliador para fomentar a aplicação das diretrizes e convida todos os escritórios competentes das Nações Unidas e instituições interessadas, particularmente o Fundo das Nações Unidas para a Infância, como também os especialistas a título individual, que se unam neste mesmo objetivo;

7. Insta todos os órgãos competentes das Nações Unidas para que colaborem com o secretário-geral na adoção das medidas necessárias para garantir a aplicação da presente resolução;

8. Convida a Subcomissão de Prevenção de Discriminações e Proteção às Minorias, da Comissão de Direitos Humanos, a examinar o presente novo instrumento internacional com o objetivo de fomentar a aplicação da presente resolução;

9. Convida também os Estados-membros a apoiarem firmemente a organização de cursos práticos de caráter técnico e científico, como também projetos-pilotos e de demonstração sobre questões práticas e aspectos normativos, relacionados com a aplicação do disposto nessas diretrizes e com a adoção de medidas concretas, tendentes a estabelecer serviços com base na comunidade e dirigidos a atender as necessidades, os problemas e os interesses especiais dos jovens, pedindo ao secretário-geral que coordene os esforços nesse sentido;

10. Convida, além disso, os Estados-membros a informarem ao secretário-geral sobre a aplicação das diretrizes e a apresentarem relatórios periódicos ao Comitê de Prevenção do Delito e Luta contra a Delinquência sobre os resultados alcançados.

ANEXO

Diretrizes das Nações Unidas para a Prevenção da Delinquência Juvenil (Diretrizes de Riad)

I. PRINCÍPIOS FUNDAMENTAIS

1. A prevenção da delinquência juvenil é parte essencial da prevenção do delito na sociedade. Dedicados a atividades lícitas e socialmente úteis, orientados rumo à sociedade e considerando a vida com critérios humanistas, os jovens podem desenvolver atitudes não criminais.

2. Para ter êxito, a prevenção da delinquência juvenil requer, por parte de toda a sociedade, esforços que garantam um desenvolvimento harmônico dos adolescentes e que respeitem e promovam a sua personalidade a partir da primeira infância.

3. Na aplicação das presentes diretrizes, os programas preventivos devem estar centralizados no bem-estar dos jovens desde sua primeira infância, de acordo com os ordenamentos jurídicos nacionais.

4. É necessário que se reconheça a importância da aplicação de políticas e medidas progressistas de prevenção da delinquência que evitem criminalizar e penalizar a criança por uma conduta que não cause grandes prejuízos ao seu desenvolvimento e que nem prejudique os demais. Essas políticas e medidas deverão conter o seguinte:

a) criação de meios que permitam satisfazer às diversas necessidades dos jovens e que sirvam de marco de apoio para velar pelo desenvolvimento pessoal de todos os jovens, particularmente daqueles que estejam patentemente em perigo ou em situação de insegurança social e que necessitem um cuidado e uma proteção especiais;

b) critérios e métodos especializados para a prevenção da delinquência, baseados nas leis, nos processos, nas instituições, nas instalações e uma rede de prestação de serviços, cuja finalidade seja a de reduzir os motivos, a necessidade e as oportunidades de cometer infrações ou as condições que as propiciem;

c) uma intervenção oficial cuja principal finalidade seja a de velar pelo interesse geral do jovem e que se inspire na justiça e na equidade;

d) proteção do bem-estar, do desenvolvimento, dos direitos e dos interesses dos jovens;

e) reconhecimento do fato de que o comportamento dos jovens que não se ajustam aos valores e normas gerais da sociedade são, com frequência, parte do processo de amadurecimento e que tendem a desaparecer, espontaneamente, na maioria das pessoas, quando chegam à maturidade, e

f) consciência de que, segundo a opinião dominante dos especialistas, classificar um jovem de "extraviado", "delinquente" ou "pré-delinquente" geralmente favorece o desenvolvimento de pautas permanentes de comportamento indesejado.

5. Devem ser desenvolvidos serviços e programas com base na comunidade para a prevenção da delinquência juvenil. Só em último caso recorrer-se-á a organismos mais formais de controle social.

II. EFEITOS DAS DIRETRIZES

6. As presentes diretrizes deverão ser interpretadas e aplicadas no marco geral da Declaração Universal de Direitos Humanos, do Pacto Internacional de Direitos Econômicos, Sociais e Culturais e do Pacto Internacional de Direitos Civis e Políticos, da Declaração dos Direitos da Criança e da Convenção sobre os Direitos da Criança e no contexto das Regras Mínimas das Nações Unidas para a administração da justiça de jovens, como também de outros instrumentos e normas relativos aos direitos, interesses e bem-estar de todas as crianças, e adolescentes.

7. Igualmente, as presentes diretrizes deverão ser aplicadas no contexto das condições econômicas, sociais e culturais predominantes em cada um dos Estados-membros.

III. PREVENÇÃO GERAL

8. Deverão ser formulados, em todos os níveis do governo, planos gerais de prevenção que compreendam, entre outras coisas, o seguinte:

a) análise profunda do problema e relação de programas e serviços, facilidades e recursos disponíveis;

b) funções bem definidas dos organismos e instituições competentes que se ocupam de atividades preventivas;

c) mecanismos para a coordenação adequada das atividades de prevenção entre os organismos governamentais e não governamentais;

d) políticas, estratégias e programas baseados em estudos de prognósticos e que sejam objeto de vigilância permanente e avaliação cuidadosa durante sua aplicação;

e) métodos para diminuir, de maneira eficaz, as oportunidades de cometer atos de delinquência juvenil;

f) participação da comunidade em toda uma série de serviços e programas;

g) estreita cooperação interdisciplinária entre os governos nacionais, estaduais, municipais e locais, com a participação do setor privado, de cidadãos representativos da comunidade interessada e de organizações trabalhistas, de cuidado à criança, de educação sanitária, sociais, judiciais e dos serviços de repressão, na aplicação de medidas coordenadas para prevenir a delinquência juvenil e os delitos dos jovens;

h) participação dos jovens nas políticas e nos processos de prevenção da delinquência juvenil, principalmente nos programas de serviços comunitários, de autoajuda juvenil e de indenização e assistência às vítimas;

i) pessoal especializado de todos os níveis.

IV. PROCESSOS DE SOCIALIZAÇÃO

9. Deverá ser prestada uma atenção especial às políticas de prevenção que favoreçam à socialização e à integração eficazes de todas as crianças e jovens, particularmente através da família, da comunidade, dos grupos de jovens nas mesmas condições, da escola, da formação profissional e do meio trabalhista, como também mediante a ação de organizações voluntárias. Deverá ser respeitado, devidamente, o desenvolvimento pessoal das crianças e dos jovens, que deverão ser aceitos, em pé de igualdade, como coparticipantes nos processos de socialização e integração.

A. Família

10. Toda sociedade deverá atribuir elevada prioridade às necessidades e ao bem-estar da família e de todos os seus membros.

11. Como a família é a unidade central encarregada da integração social primária da criança, deve-se prosseguir com os esforços governamentais e de organizações sociais para a preservação da integridade da família, incluída a família numerosa. A sociedade tem a obrigação de ajudar a família a cuidar e proteger a criança e garantir seu bem-estar físico e mental. Deverão ser prestados serviços apropriados, inclusive o de creches diurnas.

12. Os governos deverão adotar políticas que permitam o crescimento das crianças num ambiente familiar estável e firme. Deverão ser facilitados serviços adequados para famílias que necessitem de assistência para a resolução de situações de instabilidade ou conflito.

13. Quando não existir um ambiente familiar estável e firme e quando os esforços da comunidade para oferecer assistência aos pais, nesse aspecto, tiverem fracassado e a família numerosa já não puder cumprir essa função, deverá recorrer-se a outras possíveis modalidades de situação familiar, entre elas o acolhimento familiar e a adoção que, na medida do possível, deverão reproduzir um ambiente familiar estável e firme e, ao mesmo tempo, produzir nas crianças um sentimento de permanência, para evitar os problemas relacionados com o "deslocamento" de um lugar a outro.

14. Deverá ser prestada uma atenção especial às crianças de famílias afetadas por problemas originados por mudanças rápidas e desiguais no âmbito econômico, social e cultural, especialmente às crianças de famílias indígenas e imigrantes. Como tais mudanças podem alterar a capacidade social da família para proporcionar a educação e a alimentação tradicional aos filhos, geralmente, como resultado do conflito do papel social e da cultura, será necessário elaborar modalidades inovadoras e socialmente construtivas para a socialização das crianças.

15. Deverão ser adotadas medidas e elaborados programas para dar às famílias a oportunidade de aprender suas funções e obrigações em relação ao desenvolvimento e ao cuidado de seus filhos, para os quais se fomentarão relações positivas entre pais e filhos, sensibilizar-se-ão os pais no que diz respeito aos problemas das crianças e dos jovens e se fomentará a participação dos jovens nas atividades familiares e comunitárias.

16. Os governos deverão adotar medidas para fomentar a união e a harmonia na família e desencorajar a separação dos filhos de seus pais, a não ser quando circunstâncias que afetem o bem-estar e o futuro dos filhos não deixem outra opção.

17. É importante destacar a função de controle social da família e da família numerosa, mas também é igualmente importante reconhecer a função futura, as responsabilidades, a participação e a associação dos jovens na sociedade.

18. Com o objetivo de assegurar o direito das crianças a uma integração social adequada, os governos e outros organismos deverão recorrer às organizações sociais e jurídicas existentes, mas deverão, também, adotar ou facilitar a adoção de medidas inovadoras, quando as instituições e costumes tradicionais já não forem eficazes.

B. Educação

19. Os governos têm a obrigação de facilitar o acesso ao ensino público a todos os jovens.

20. Os sistemas de educação, além de suas possibilidades de formação acadêmica e profissional, deverão dar atenção especial ao seguinte:

a) ensinar os valores fundamentais e fomentar o respeito à identidade própria e às características culturais da criança, aos valores sociais do país em que mora a criança, às civilizações diferentes da sua e aos direitos humanos e liberdades fundamentais;

b) fomentar e desenvolver, o mais possível, a personalidade, as aptidões e a capacidade mental e física dos jovens;

c) conseguir a participação ativa dos jovens no processo educativo, no lugar de serem meros objetos passivos de tal processo;

d) desenvolver atividades que fomentem um sentimento de identidade e integração à escola e à comunidade, como também a compreensão mútua e a harmonia;

e) incentivar os jovens a compreender e a respeitar opiniões e pontos de vista diversos, como também as diferenças culturais e de outra índole;

f) oferecer informação e orientação sobre a formação profissional, as oportunidades de trabalho e as possibilidades de uma profissão;

g) evitar medidas disciplinares severas, particularmente os castigos corporais.

21. Os sistemas de educação deverão tentar trabalhar em cooperação com os pais, com as organizações comunitárias e com os organismos que se ocupam das atividades dos jovens.

22. Deverá ser dada ao jovem informação sobre o ordenamento jurídico e seus direitos e obrigações de acordo com a lei, assim como sobre o sistema de valores universais.

23. Os sistemas de educação deverão cuidar e atender, de maneira especial, aos jovens que estejam em situação de risco social. Deverão ser preparados e utilizados, plenamente, programas de prevenção e materiais didáticos, assim como planos de estudos, critérios e instrumentos especializados.

24. Deverá ser prestada especial atenção na adoção de políticas e estratégias gerais de prevenção do uso indevido de álcool, drogas e outras substâncias por parte dos jovens. Deverá dar-se formação e prover os professores e outros profissionais com meios que possam prevenir e resolver estes problemas. Deverá ser dada aos estudantes informação sobre o emprego e o uso indevido das drogas.

25. As escolas deverão servir como centros de informação e consulta para prestar assistência médica, assessoria e outros serviços aos jovens, sobretudo aos que estiverem especialmente necessitados e forem objeto de maus-tratos, abandono, vitimização e exploração.

26. Serão aplicados diversos programas com o objetivo de que professores e outros adultos possam compreender os problemas, as necessidades e as preocupações dos jovens, especialmente daqueles que pertençam a grupos mais necessitados, menos favorecidos; a grupos de baixa renda e a minorias étnicas ou de outra índole.

27. Os sistemas escolares deverão tratar de promover e alcançar os mais elevados níveis profissionais e educativos, no que diz respeito a programas de estudo, métodos e critérios didáticos e de aprendizagem, contratação e capacitação de pessoal docente. Deverá haver supervisão e avaliação regulares dos resultados, tarefa que se encomendará a organizações e órgãos profissionais competentes.

28. Em cooperação com grupos da comunidade, os sistemas educativos deverão planejar, organizar e desenvolver atividades paralelas ao programa de estudos que forem de interesse para os jovens.

29. Deverá ser prestada ajuda a crianças e jovens que tenham dificuldades para respeitar as normas da assistência, assim como aos que abandonam os estudos.

30. As escolas deverão fomentar a adoção de políticas e normas equitativas e justas; os estudantes estarão representados nos órgãos da administração escolar e nos de adoção de decisões e participarão nos assuntos e procedimentos disciplinares.

C. Comunidade

31. Deverão ser estabelecidos serviços e programas de caráter comunitário ou serem fortalecidos os já existentes, de maneira que respondam às necessidades, aos interesses e às inquietudes especiais dos jovens e ofereçam, a eles e a suas famílias, assessoria e orientação adequadas.

32. As comunidades deverão adotar ou reforçar uma série de medidas de apoio, baseadas na comunidade e destinadas a ajudar aos jovens, particularmente centros de desenvolvimento comunitário, instalações e serviços de recreação, visando fazer frente aos problemas especiais dos jovens expostos a risco social. Essa forma de ajuda deverá ser prestada respeitando os direitos individuais.

33. Deverão ser estabelecidos serviços especiais para dar alojamento adequado aos jovens que não puderem continuar morando em seus lares.

34. Serão organizados diversos serviços e sistemas de ajuda para enfrentar as dificuldades que os jovens experimentam ao passar da adolescência à idade adulta. Entre estes serviços, deverão figurar programas especiais para os jovens toxicômanos, onde será dada a máxima importância aos cuidados, ao assessoramento, à assistência e às medidas de caráter terapêutico.

35. Os governos e outras instituições deverão dar apoio financeiro e de outra natureza às organizações voluntárias que ofereçam serviços aos jovens.

36. No plano local, deverão ser criadas ou reforçadas as organizações juvenis que participem plenamente na gestão dos assuntos comunitários. Estas organizações deverão animar os jovens a organizar projetos coletivos e voluntários, particularmente aqueles cuja finalidade seja a de prestar ajuda aos jovens necessitados.

37. Os organismos governamentais deverão assumir, especialmente, a responsabilidade do cuidado das crianças sem lar ("meninos de rua") e organizar os serviços que estes necessitem. A informação sobre serviços locais, alojamento, trabalho e outras formas e fontes de ajuda deverá ser facilmente acessível aos jovens.

38. Deverá ser organizada uma grande variedade de instalações e serviços recreativos de especial interesse para os jovens, aos quais estes tenham fácil acesso.

D. Meios de comunicação

39. Os meios de comunicação deverão certificar-se de que a criança tem acesso à informação e aos materiais procedentes de diversas fontes nacionais e internacionais.

40. Os meios de comunicação deverão ser incentivados a divulgarem a contribuição positiva dos jovens à sociedade.

41. Deverão ser incentivados os meios de comunicação a difundirem informação relativa à existência de serviços, instalações e oportunidades destinados aos jovens dentro da sociedade.

42. Deverá ser solicitado aos meios de comunicação em geral, e à televisão e ao cinema em particular, que reduzam o nível de violência nas suas mensagens e que deem uma imagem desfavorável da violência e da exploração, evitando apresentações degradantes das crianças, da mulher e das relações interpessoais, fomentando, ao contrário, os princípios e as atividades de caráter comunitário.

43. Os meios de comunicação deverão ter consciência da importância de sua função e responsabilidade, assim como de sua influência nas comunicações relacionadas com o uso indevido de drogas entre os jovens. Deverão utilizar seu poder para prevenir o uso indevido de drogas, através de mensagens coerentes difundidas equilibradamente. Campanhas eficazes de luta contra as drogas deverão ser fomentadas, nos níveis primário, secundário e terciário.

V. Política social

44. Os organismos governamentais deverão dar a máxima prioridade aos planos e programas dedicados aos jovens e proporcionar fundos suficientes e recursos de outro tipo para a prestação de serviços eficazes, proporcionando, também, as instalações e a mão de obra para oferecer serviços adequados de assistência médica, saúde mental, nutrição, moradia e os demais serviços necessários, particularmente a prevenção e o tratamento do uso indevido de drogas, além de terem a certeza de que esses recursos chegarão aos jovens e serão realmente utilizados em seu benefício.

45. Só em último caso os jovens deverão ser internados em instituições e pelo mínimo espaço de tempo necessário, e deverá se dar a máxima importância aos interesses superiores do jovem. Os critérios para a autorização de uma intervenção oficial desta natureza deverão ser definidos estritamente e limitados às seguintes situações:

a) quando a criança ou o jovem tiver sofrido lesões físicas causadas pelos pais ou tutores;

b) quando a criança ou jovem tiver sido vítima de maus-tratos sexuais, físicos ou emocionais por parte dos pais ou tutores;

c) quando a criança ou o jovem tiver sido descuidado, abandonado ou explorado pelos pais ou tutores; e

d) quando a criança ou o jovem se ver ameaçado por um perigo físico ou moral devido ao comportamento dos pais ou tutores.

46. Os organismos governamentais deverão dar ao jovem a oportunidade de continuar sua educação de tempo completo, financiada pelo Estado quando os pais não tiverem condições materiais para isso, e dar também a oportunidade de adquirir experiência profissional.

47. Os programas de prevenção da delinquência deverão ser planejados e executados com base em conclusões confiáveis que sejam o resultado de uma pesquisa científica e, periodicamente, deverão ser revisados, avaliados e readaptados de acordo com essas conclusões.

48. Deverá ser difundida, entre a comunidade profissional e o público em geral, informação sobre o tipo de comportamento ou de situação que se traduza, ou possa ser traduzida, em vitimização, danos e maus-tratos físicos e psicológicos aos jovens.

49. A participação em todos os planos e programas deverá geralmente ser voluntária. Os próprios jovens deverão intervir na sua formulação, desenvolvimento e execução.

VI. Legislação e administração da justiça da infância e da adolescência

50. Os governos deverão promulgar e aplicar leis e procedimentos especiais para fomentar e proteger os direitos e o bem-estar de todos os jovens.

51. Deverá ser promulgada e aplicada uma legislação que proíba a vitimização, os maus-tratos e a exploração das crianças e dos jovens.

52. Nenhuma criança ou jovem deverá ser objeto de medidas severas ou degradantes de correção ou castigo no lar, na escola ou em qualquer outra instituição.

53. Deverão ser adotadas e aplicadas leis que regulamentem e controlem o acesso das crianças e jovens às armas de qualquer tipo.

54. Com o objetivo de impedir que se prossiga à estigmatização, à vitimização e à incriminação dos jovens, deverá ser promulgada uma legislação pela qual seja garantido que todo ato que não seja considerado um delito, nem seja punido quando cometido por um adulto; também não deverá ser considerado um delito, nem ser objeto de punição quando for cometido por um jovem.

55. Poderá ser considerada a possibilidade de se estabelecer um escritório de "proteção da infância e da adolescência" (*ombudsman*) ou um escritório análogo independente que garanta o respeito da condição jurídica, dos direitos e dos interesses dos jovens e, também, a possibilidade de remeter casos aos serviços disponíveis. Do mesmo modo, deverão ser estabelecidos serviços de defesa jurídica da criança.

56. O pessoal, de ambos os sexos, da polícia e de outros órgãos de justiça deverão ser capacitados para atender às necessidades especiais dos jovens; essa equipe deverá estar familiarizada com os programas e as possibilidades de remessa a outros serviços, e devem recorrer a eles sempre que possível, com o objetivo de evitar que os jovens sejam levados ao sistema de justiça penal.

57. Leis deverão ser promulgadas e aplicadas, estritamente, para proteger os jovens do uso indevido das drogas e de seus traficantes.

VII. Pesquisa, adoção de políticas e coordenação

58. Esforços deverão ser feitos para fomentar a interação e coordenação, de caráter multidisciplinário e interdisciplinário, entre os distintos setores; e, dentro de cada setor, dos organismos e serviços econômicos, sociais, educativos e de saúde, do sistema judiciário, dos organismos dedicados aos jovens, à comunidade e ao desenvolvimento e de outras instituições pertinentes, e deverão ser estabelecidos os mecanismos apropriados para tal efeito.

59. Deverá ser intensificado, no plano nacional, regional e internacional, o intercâmbio de informação, experiência e conhecimentos técnicos obtidos graças a projetos, programas, práticas e iniciativas relacionadas com a delinquência juvenil, a prevenção da delinquência e a justiça da infância e da adolescência.

60. Deverá ser promovida e intensificada a cooperação regional e internacional nos assuntos relativos à delinquência juvenil, à prevenção da delinquência e à justiça da infância e da adolescência, com a participação de profissionais, especialistas e autoridades.

61. Todos os governos, o sistema das Nações Unidas e outras organizações interessadas deverão apoiar firmemente a cooperação técnica e científica nos assuntos práticos relacionados com a adoção de políticas, particularmente nos projetos experimentais, de capacitação e demonstração, sobre questões concretas relativas à prevenção da delinquência juvenil e de delitos cometidos por jovens.

62. Deverá ser incentivada a colaboração nas atividades de pesquisa científica sobre as modalidades eficazes de prevenção da delinquência juvenil e dos delitos cometidos por jovens; e suas conclusões deveriam ser objeto de ampla difusão e avaliação.

63. Os órgãos, organismos e escritórios competentes das Nações Unidas deverão manter uma estreita colaboração e coordenação nas distintas questões relacionadas com as crianças, a justiça da infância e da adolescência, e a prevenção da delinquência juvenil e dos delitos cometidos por jovens.

64. Com base nessas Diretrizes, as Nações Unidas, em cooperação com as instituições interessadas, deverão desempenhar um papel ativo na pesquisa, na colaboração científica, na formulação de opções de política e no exame e na supervisão de sua aplicação e, também, servir de fonte de informação fidedigna sobre as modalidades eficazes de prevenção da delinquência.

PARTE II

Reflexões sobre a responsabilidade penal dos adolescentes

8

A menoridade é carta de alforria?

Rolf Koerner Júnior*

> *"Hoje em dia toda a gente fala dos 'jovens'. À exceção dos jovens, evidentemente, que têm mais que fazer."*[1]

Introdução

A Constituição Federal dispõe, pela regra do artigo 228, que: "São penalmente inimputáveis os menores de dezoito anos, sujeitos às normas da legislação especial". Contudo, em Brasília, intenta-se alterar a disposição constitucional. Na Câmara dos Deputados, tramita Proposta de Emenda à Constituição n. 301/1996, do Sr. Deputado Federal Jair Bolsonaro e outros, nos termos do artigo 60 da Carta

---

* Advogado, professor universitário e membro do Conselho Nacional de Política Criminal e Penitenciária.

1. Cardoso, Miguel Esteves. *A causa das coisas*, p. 141.

Magna. A proposta contém 173 assinaturas válidas, 12 que não conferem, 3 repetidas e uma assinatura de deputado licenciado.

Eis o texto da referida Proposta:

> "Proposta de Emenda à Constituição n. 301, de 1996
> (Do Sr. Jair Bolsonaro e Outros)
> Dá nova redação ao artigo 228 da Constituição Federal.
> (À Comissão de Constituição e Justiça e de Redação)
> As Mesas da Câmara dos Deputados e do Senado Federal, nos termos do artigo 60 da Constituição Federal, promulgam a seguinte Emenda ao texto constitucional:
> Art. 228. Os menores de dezesseis anos são inimputáveis, sujeitando-se às normas da legislação especial.
>
> Justificação
>
> Considerando que a realidade de nossos dias demonstra que o adolescente com idade de dezesseis anos já possui discernimento suficiente para avaliar os danos que causa os atos ilícitos, bem como crimes que pratica, somos levados a propor a mudança do citado artigo.
> Conhecedores da inimputabilidade dos detentores de idade inferior aos dezoito anos, os imputáveis os incitam ao crime, usando-os como baluarte de suas ideias e planos criminosos.
> Sabemos que a mudança da idade não irá prejudicar àqueles que levam uma vida regrada dentro dos princípios morais e da boa convivência, independente da condição social de que desfrutam.
> Sala das Sessões, em 07/12/95
> Deputado Jair Bolsonaro — PPB/RJ."

Regimentalmente, no egrégio Conselho Nacional de Política Criminal e Penitenciária, do Ministério da Justiça, o feito foi-me distribuído para Exame e Parecer, conforme despacho de seu presidente, dr. Paulo R. Tonet Camargo, proferido em 22 de abril de 1996.

Quero, ainda no início deste Parecer, deixar revelada a ideia genérica que tenho acerca da questão que doravante analisarei: acaso emendada a Constituição Federal, pouco poder-se-á fazer para prevenir e reprimir a criminalidade que, apesar da emenda, recrudescerá em nosso país, acaso não sejam tomadas providências extralegais urgentes. Aliás, se a proposição de parlamentares relaciona-se à criminalidade juvenil por eles tida como alarmante, posso-lhes dizer que aí está uma primeira distorção. Para o Fórum Nacional de Defesa da Criança e do Adolescente,

> "Segundo levantamentos realizados em vários Estados do Brasil, os crimes praticados por maiores de 18 anos representam cerca de 90% do total. Assim, os adolescentes estariam praticando apenas 10% das infrações. Obviamente, pois, o problema da segurança pública e sua solução não se resume, nem pode ser centrado, em torno das particularidades de fração tão pequena deles, ou seja, aquelas praticadas por adolescentes."[2]

Cientificamente, a mudança de conteúdo da apontada norma constitucional (art. 228) não é a solução — a curto, médio e longo prazos — para problemas (seriíssimos) que o Brasil tem (e enfrenta ou não quer enfrentar) no campo da repressão e da prevenção da criminalidade, de atos infracionais e de fatos nocivos ao grupo. Movimentos de lei e ordem que se disseminam mundialmente não propõem apenas o endurecimento de apenação criminal, mas o alargamento de competência punitiva do Estado, pelo uso e abuso de normas incriminadoras e sancionadoras. Claro que, no Ministério da Justiça, atualmente, essa não é a fórmula utilizada para o enfrentamento de questões de segurança pública, porque, no seu discurso de posse, o Exmo. Sr. Ministro professor Nelson Azevedo Jobim asseverou que

> "'Não se confunda a política de segurança pública com política de ação policial' ou 'Não se pode pretender, e esta é a visão que passa por

---

2. Revista *Igualdade*, livro 2, do Centro de Apoio Operacional das Promotorias da Criança e do Adolescente, Curitiba, p. 55, jan./mar. 1994.

dentro do Ministério e por dentro do governo', que as questões de segurança pública neste país sejam resolvidas exclusivamente com agravamento da *capacidade repressiva do Estado*."[3]

Realmente deve ser assim e é desse modo que enfrentarei o problema da redução de idade para a antecipação da capacidade de culpa criminal, agora em 18, para 16 anos. Amplamente discutido preteritamente, a novidade de tal critério é nenhuma, *data venia*, e mais uma vez constitui um desserviço para o povo brasileiro.

Nesse instante ainda, quero lembrar de Heleno Cláudio Fragoso. Há muito tempo, o saudoso professor de Direito Penal, um dos maiores da América Latina, homenageou o criminólogo Alfonso Quiroz Cuarón. Porque falecera Cuarón, foi-lhe prestada homenagem em livro, no qual está o artigo "Ciência e experiência do Direito Penal", escrito por Fragoso. Quando, no caso, o proponente da emenda constitucional explica a sua necessidade porque "os imputáveis os incitam — os menores de 18 anos — ao crime, usando-os como baluarte de suas ideias e planos criminosos",[4] Fragoso, há muitos anos, indagava:

> "Como justificar que um indivíduo seja punido em função da conveniência da pena relativamente a terceiros? Corre-se aqui o risco de uma instrumentalização do magistério punitivo, misturando-se o homem, como já observava Kant, com o direito das coisas".[5]

Entretanto, o que há também de importante em "Ciência e experiência do Direito Penal" é a confissão de um juspenalista sobre apresentar-se em crise o Direito Penal, "pelas discrepâncias entre a

---

3. Cf. Discurso de posse do ministro da Justiça Nelson Azevedo Jobim, proferido em 2 de janeiro de 1995 (*Revista do Conselho Nacional de Política Criminal e Penitenciária, Ministério da Justiça*, Brasília, v. 1, n. 5, p. 15, jan./jun. 1995).

4. Loc. cit.

5. Fragoso, Fernando. Ciência e experiência do Direito Penal. In: *Lições de Direito Penal*, ed. rev. e ampl. Rio de Janeiro: Forense Universitária, 1991. p. 440.

ciência e a experiência" ou "elaboramos um belo sistema de Direito Penal e, afinal, ele serve para quê? Como funciona efetivamente?".[6]

Nessa linha de entendimento muita coisa vem se escrevendo no Brasil de nosso tempo porque aqui, ademais, aconteceu uma mudança radical de consciência que teve o seu nascedouro no momento da morte do regime militar. Politicamente o jurista passou a se comprometer com a realidade de seu tempo e a cidadania oxigenou seu discurso. Relembrada a figura exponencial do jurista Heleno Cláudio Fragoso, deve-se reclamar "menos Direito Penal" para o Brasil.[7]

Na década de 1980, o vaticínio do penalista do Rio de Janeiro era o de que

> "a criminalidade aumenta, e provavelmente continuará aumentando, porque está ligada a uma estrutura social profundamente injusta e desigual, que marginaliza, cada vez mais, extensa faixa da população, apresentando quantidade alarmante de menores abandonados ou em estado de carência. Enquanto não se atuar nesse ponto, será inútil punir, como será inútil, para os juristas, a elaboração de seus belos sistemas".[8]

Não é sem razão que, no Brasil da atualidade, as construções jurídicas, muitíssimas não jurídico-criminais, deem especial destaque à *efetividade* da lei ou se ela vem produzindo ou realizando aquilo que, pelo legislador, propôs realizar. *Efficere* significa *produzir*, *realizar* ou *qualidade do que seja efetivo: estado ativo de fato.*[9] Para crianças e adolescentes, os menores de antigamente, muita coisa existe por fazer em nosso país, daí que as normas constitucionais e penais e as do Estatuto da Criança e do Adolescente ressentem-se de efetividade porque não vêm gerando os efeitos que delas seria normal esperar. Então, como costuma acontecer na América Latina, o problema é

---

6. Loc. cit., p. 445.

7. Loc. cit., p. 446.

8. Loc. cit., p. 446.

9. Aulete, Caldas. *Dicionário contemporâneo da língua portuguesa*. Rio de Janeiro: Delta, 1958.

outro. Porque muitas são as leis dos países que a integram e porque na maioria dos casos elas nunca são respeitadas, mais janelas se abrem para o aumento da violência social. Contudo, paralelamente, ao se avolumarem os comportamentos nocivos para o grupo, mais lei se exige ou seu endurecimento e, agora, a sua extensão a categoria de pessoas preteritamente estranha ao sistema de justiça criminal, criando-se, enfim, um círculo vicioso que, se já comprometeu o sistema legal, fará aventurar, irremediavelmente, nessa ousadia de ingênuo, também o sistema de justiça criminal.

Acaso o Legislativo federal emende a Constituição brasileira e de consequência modifique outras leis subsequentemente — por exemplo, o Código Penal e o Estatuto da Criança e do Adolescente —, o menor de 18 e maior de 16 anos, que, hoje, se constitui no vilão da história (ou especial tipo de clientela alheia ao arcabouço punitivo), será depois sucedido por quem, se depois, ainda, a criminalidade recrudescer?

Ora, há muito tempo escrevi assim acerca de mudança na legislação penal brasileira. Por exemplo, a reforma de 1977, encomendada ao ministro Armando Falcão, da Justiça, orientou-se pela falsa premissa de que o Direito Penal seria o verdadeiro, quiçá o único, culpado pelos descalabros arrolados na Exposição de Motivos de 22 de fevereiro de 1977.[10] Esquecido da calamitosa situação de dominação de todo um povo, inaugurada em março de 1964, o ministro Falcão, longe de pretender a elevação do Direito Penal em sua dignidade científico-finalística, na visão de um liberalismo convicto, preferiu remendar a legislação punitiva — porque, para ele, aí estaria a fórmula de salvação — ante os seguintes problemas que ele detectou e apontou em sua Exposição de Motivos:

---

10. "O aumento dos índices de criminalidade, que se observa em escala mundial, fez com que, no Brasil, grande número de condenados, inclusive perigosos, permaneçam em liberdade, não sendo possível cumprir os respectivos mandados de captura, por não haver onde recolhê-los, mesmo com novas penitenciárias construídas e por mais que elas se multipliquem" (item n. 1).

"Essa impunidade, não obstante a condenação, tem danosas consequências: escandaliza a opinião pública, constitui estímulo ao delito, fomenta clima e sentimento de insegurança pessoal, gera corrupção no organismo policial, desacredita a função intimidativa da pena e desprestigia a Justiça, fatos capazes de comprometer a paz social".[11]

Não deu em nada a reforma de 1977 e, obviamente, nem tinha que dar alguma coisa.[12] Em 1980, ascendendo, estatisticamente, a criminalidade, e recrudescendo, qualitativamente, a violência, máxime nas infrações patrimoniais, o governo federal voltou à carga.

Petrônio Portella era o ministro da Justiça. Pela Portaria n. 167, de 22 de fevereiro de 1980, interessava à União fosse apresentado um "minucioso plano que servisse de base às providências executivas no tratamento das graves questões, à luz de princípios científicos modernos".[13] Já se acenava para a futura reforma, a de 1981, que culminou no surgimento de uma nova Parte Geral ao Código Penal em substituição à de 1940 (Lei n. 7.209, de 11 de julho de 1984, nova redação aos arts. 1º a 120, do Código Penal). Nessa época, à frente do Ministério da Justiça, Ibrahim Abi-Ackel esteve ministro. Seu antecessor, Petrônio Portella, tinha falecido.

Passado e voado o tempo, mais leis — de endurecimento punitivo — surgiram no Brasil.

---

11. Exposição de Motivos de 22 de fevereiro de 1977, item n. 1.

12. "Em resumo: é típico da atual ciência do Direito Penal esquecer ou marginalizar os problemas políticos, econômicos e sociais em benefício dos puramente técnico-jurídicos ou dogmáticos. O penalista, diz-se, tem só que interpretar e sistematizar as leis penais vigentes; se estas leis são injustas, por exemplo, ou antidemocráticas, é algo, diz-se também, que não lhe compete. Produz-se assim uma espécie de esquizofrenia jurídica, podendo ser certo do ponto de vista jurídico o que é falso do ponto de vista político e vice-versa. A consequência desta visão esquizóide da realidade é a manipulação do penalista, fazendo dele um simples tecnocrata do Direito, quando não, um instrumento ou um cúmplice da classe dominante" (Conde, Francisco Munoz. "Para uma ciência crítica do Direito Penal". *Revista de Direito Penal*, Rio de Janeiro, Forense, v. 25, p. 10-11, 1979).

13. Cf. Prefácio à obra de Jesus, Damásio E. de; Barreto, João de Deus Menna; Dotti, René Ariel; Coutinho, Roisle Alaor Metzker; Neves, Serrano. *Violência e criminalidade, propostas de solução*. Rio de Janeiro: Forense, 1980. p. xi.

Dois marcos fundamentais merecem ser referidos, no sentido de lhes apresentar as duas razões de aparecimento da Lei n. 8.072, de 25 de julho de 1990.

A primeira posiciona-se para nós com o fim da já velha República golpista de 1964. Vinte anos depois, imaginava-se que, em 1984, Tancredo Neves conseguiria, porque forças arregimentaram-se buscando, pelo Direito Penal, a paz para o Brasil, "desencadear um processo de tomada de consciência e de aprofundamento da transição democrática".[14] Sobre o panorama da época, a Comissão Teotônio Vilela pintou, assim, o nosso país para Tancredo Neves: "O Brasil foi conduzido a um tipo de guerra civil não declarada, que desvenda um quadro tão grave de desrespeito aos direitos humanos como nunca se suspeitou no País".[15]

Esse primeiro marco era imediatamente anterior ao início da vigência das Leis ns. 7.209, de 11 de julho de 1994 (nova Parte Geral de Código Penal), e 7.210, de 11 de julho de 1994 (Lei de Execução Penal), ocorrida a partir quase do fim da primeira quinzena de janeiro de 1985.

Já a segunda razão tem a ver com a Constituição Federal de 5 de outubro de 1988.

Procurava-se, no Brasil, por exemplo com a Lei n. 7.209, de 1984, fazer frente

> "às exigências da sociedade brasileira. A pressão dos índices de criminalidade e suas novas espécies, a constância da medida repressiva como resposta básica ao delito, a rejeição social dos apenados e seus reflexos no incremento da reincidência, a sofisticação tecnológica, que altera a fisionomia da criminalidade contemporânea, são fatores que exigem o aprimoramento dos instrumentos jurídicos de contenção do crime, ainda os mesmos concebidos pelos juristas na primeira metade do século".[16]

---

14. *Direitos humanos na transição democrática* (Documento entregue pela Comissão Teotônio Vilela ao candidato à presidência da República dr. Tancredo Neves. Brasília, 12 dez. 1984, p. 5).

15. Loc. cit., p. 2.

16. Conforme item n. 5, da Exposição de Motivos à Lei n. 7.209, de 1984.

Contudo, transcorrido tempo, as coisas ainda assim estavam com a *lex* nova, até que, com a Constituição Federal de 1988, pretendeu-se dar um basta a certa espécie de criminalidade, nominada como hedionda, ou, nas palavras de seu artigo 5º, n. XLIII,

> "a lei considerará crimes inafiançáveis e insuscetíveis de graça ou anistia a prática da tortura, o tráfico ilícito de entorpecentes e drogas afins, o terrorismo e os definidos como hediondos, por eles respondendo os mandantes, os executores e os que, podendo evitá-los, se omitirem".

Meios legais destituído, de alguma cientificidade não impediram que adviessem, para o país, as Leis ns. 8.072, de 25 de julho de 1990, e 8.930, de 6 de setembro de 1994; a primeira dispondo sobre os crimes hediondos e a segunda dando nova redação ao artigo 1º daquela.[17]

Quer-se, aqui e agora, tecer alguns comentários acerca dessas leis.

Não me filio às construções jurídico-alternativas, porque sempre acreditei que a Ciência do Direito, particularmente a Ciência do Direito Penal, tem princípios — elementares até — pelos quais se regulamenta, como freio efetivo lhe imposto inarredavelmente, o poder estatal. Politicamente, é o Direito Penal uma das garantias individuais ou garantia da liberdade. Versando sobre *A presunção constitucional de inocência*,[18] o professor Luiz Alberto Machado apresenta-nos, assim,

> "*Uma visão do Estado.* A visão que se tem do Estado é a de que substitui o soberano absoluto, que tudo podia. O Estado de hoje, na visão terceiro-mundista, pode tudo; Estado de direito é o que obedece às suas leis, qualquer lei, pouco se importando com a capacidade de o administrado entendê-las, aceitá-las e sentir o seu comando. Ora, como diz Tércio Sampaio Ferraz, o Estado não é 'o outro' mas, internamente, uma relação de poder entre as minorias e facções que o compõem (Nicos Poulantzas); quem necessita da lei, dizia o saudoso M. Seabra Fagundes,

17. Art. 1º e parágrafo único, da Lei n. 8.930, de 6 de setembro de 1994.

18. Curitiba, Paraná, 1994.

é a minoria; à maioria, a maioria basta. Portanto, Estado de direito é o que obedece às suas leis legítimas, aquelas que são criadas a partir da consciência coletiva do povo quanto à sua necessidade, aquelas que são capazes de ser entendidas e que, portanto, provocam a possibilidade de autodeterminação; já disse um jus-filósofo alemão que lei ilegítima é uma não lei".[19]

Machado também explica que

"o direito criminal é, antes e acima de tudo, o regulamentador do monopólio da força do Estado, como ensina Bobbio: a sociedade, ao sair do Estado da natureza (em que tudo é permitido) para o Estado de direito (em que alguma coisa é proibida) em antagonismo ao Estado ditatorial (em que alguma coisa é permitida), se institucionaliza pela força; mas, ao se organizar politicamente — 'O poder político pertence à categoria do poder de um homem sobre outro homem, mas não à categoria do poder do homem sobre a natureza' (Bobbio, Norberto. *O significado clássico e moderno de política*, p. 12) —, a sociedade deve, ao mesmo tempo que mantém o monopólio da força — 'Este processo de monopolização caminha *pari passu* com o processo de criminalidade e de penalização de todos os atos de violência que não sejam realizados por pessoas autorizadas pelos detentores e beneficiários deste monopólio' (Bobbio, Norberto. *O significado clássico e moderno de política*, p. 12) —, regulamentar a sua utilização: 'Por Estado se deve entender uma empresa institucional de caráter político, na qual — e na medida em que — o aparelho administrativo consegue monopolizar a coerção física legítima' (Weber, Max. *Economia e società*. Milano, 1961. v. 1, p. 53)".[20]

Contudo, princípios elementares, para a compreensão da ciência penal, seriam os da legalidade, da intervenção mínima, da lesividade, da humanidade e da culpabilidade, aliados aos demais tornados letra viva na Constituição Federal, por exemplo, do devido processo legal, da pessoalidade, da proporcionalidade, do contraditório, da ampla

---

19. Páginas 5 e 6.

20. *A presunção de inocência*, Curitiba, 1994. p. 1-2.

defesa, da presunção de inocência e da individualização, afora outros ainda, como da prova lícita etc.

Ora, se cotejados os dispositivos legais antes aludidos com tais princípios, chegar-se-á a conclusões que atestam a sua inconstitucionalidade, tamanho o desrespeito do legislador àquilo que é elementar ou é próprio para a América Latina. Sem dúvida, escreveu Emilio Garcia Mendez sobre "De como considerar seriamente os direitos e garantias do cidadão", à guisa de Prefácio à obra de Nilo Batista (*Introdução crítica ao Direito Penal brasileiro*):

> "Sempre achei que o direito penal tradicional tinha muito pouco de liberal na acepção original do termo, isto é, vinculado à produção de garantias para o cidadão. Foi precisamente este direito penal liberal, em nossa recente história latino-americana, que 'se adaptou às circunstâncias' dos diversos autoritarismos, oferecendo legitimidade ao justificar o caráter excepcional das rupturas estruturais da ordem jurídico-democrática".[21]

Afora desarrumar nossa ciência jurídico-penal, pois que atentam contra as suas facetas (*sistemático*, *coerente*, *uniforme*, *ordenado* etc., deve ser todo o saber científico), tais leis foram ditadas para o Brasil em atendimento de razões de falsa política criminal, "numa sociedade dividida em classes, na qual os interesses de uma classe são estrutural e logicamente antagônicos aos da outra?", escreveu Nilo Batista.[22] Mas deixou-se levar o legislador pela força da mídia e para o atendimento de interesses minoritários, porque, antecedentemente ao advento da Lei n. 8.072, de 25 de julho de 1990, São Paulo e Rio de Janeiro vivenciaram os sequestros de Diniz e Medina, alheios, contudo, a situações outras que se disseminavam Brasil afora, cujas personagens (= vítimas) não integravam a classe "conservadora" ou a "elite" e nem tinham a força para impor o "controle social", desatendida,

---

21. Rio de Janeiro: Editora Revan, 1990. p. 11.

22. *Introdução crítica ao Direito Penal brasileiro*, p. 21.

assim, a função cultural e valorativa do direito punitivo ou, nas palavras de Aníbal Bruno,

> "sabemos como as sociedades humanas se encontram ligadas ao Direito, fazendo-o nascer de suas necessidades fundamentais e, em seguida, deixando-se disciplinar por ele, dele recebendo a estabilidade e a própria possibilidade de sobrevivência".[23]

Ora, ao encampar a regra constitucional que tratou dos crimes hediondos, a lei ordinária pôs e ainda põe em xeque o sistema de controle social, no qual se adiciona o de justiça criminal, e, gravemente, mostra-nos a República Federativa do Brasil descompromissada para com garantias e liberdades fundamentais, enfim alheada de sua natureza de Estado Democrático de Direito (art. 1º da CF), com atuação dissonante à fonte de seu poder, o qual emana do povo, diz-se na Constituição Federal, pela regra do parágrafo único do artigo primeiro.

O Paraná (em 1994): minha atividade na SESP

Pelo exercício do magistério superior, foi na Secretaria de Segurança do Paraná que, entre abril a dezembro de 1994, pude executar programas voltados especialmente à criança e ao adolescente.

Em relatório de atividades intitulado de *Anos em meses* anotei o seguinte: não há quem não se preocupe com os problemas sociais em que há crianças e adolescentes envolvidos, ativa ou passivamente. Com inúmeros órgãos do Estado, o governo do Paraná firmou Termo de Cooperação Técnica a fim de fazer cumprir, rigorosamente, as regras do Estatuto da Criança e do Adolescente (Lei n. 8.069/90). Com a criação do Centro Integrado de Atendimento ao Adolescente

---

23. *Direito Penal, Parte Geral*. Rio de Janeiro: Forense, 1959. t. I, v. 1, p. 11.

Infrator — CIAADI —, a SESP teve decisiva participação, inclusive na elaboração de seu Regimento Interno, em que destacou ser louvável a iniciativa que, mais uma vez, enaltece o pioneirismo e a integração alcançados nessa experiência vanguardeira do nosso Estado.

Inúmeras sessões, com o Ministério Público, foram realizadas, na Academia Policial Militar do Guatupê, inclusive para o aprimoramento cultural e técnico de policiais militares.

Aliás, em 24 de maio de 1994, por ofício ao Ministério do Bem-Estar Social, em Brasília, o Paraná narrou-lhe a maneira de atuação da pasta da Segurança Pública e a busca de meios para a capacitação do policial paranaense, sugerindo-lhe a viabilização de recursos suficientes às unidades da federação na área da segurança pública, para que os cursos sobre o tema "Direitos das Crianças e Adolescentes" obedecessem à uniformidade de conceitos sempre voltados para a construção de uma nação mais forte e sadia, a par de atuação necessária em correspondência fiel ao contido na base axiológica do ECA. Observou-lhe a SESP, ademais, que as experiências positivas já consolidadas poderão nortear também o trabalho policial, por meio de atividades educativas para a cidadania. Sendo o organismo estadual de segurança extremamente polarizado, alcança uma abrangência territorial significativa na forma de atuar. A função social da polícia tende a aumentar nos momentos de crise, e essa tendência, portanto, poderá afetar o relacionamento polícia-povo e até mesmo estreitá-lo como contribuição para a diminuição dos conflitos familiares que podem desaguar no cometimento de delitos ou atos infracionais. A polícia é povo por excelência. É preciso prepará-la cada vez mais para a grande participação de suas estruturas na formação de uma juventude mais consciente e menos carente dos verdadeiros valores da nacionalidade.

Além de a Polícia Militar receber treinamento para não infringir o Estatuto da Criança e do Adolescente, viabilizou-se, em conjunto com a Secretaria de Estado do Trabalho e da Ação Social, a adoção de critérios para a realização de exames de paternidade.

Lembre-se que, em 13 de maio de 1994, na sede do comando geral da Polícia Militar, o comandante coronel Sérgio Itamar Alves revitalizou o Projeto PM Criança que, no Estado do Paraná, tinha abrangência diversificada e os seguintes objetivos:

> "a) Capacitação profissional de todo nosso efetivo, de modo a entender a filosofia e as ideias que inspiraram a edição do Estatuto;
>
> b) inclusão no currículo dos diversos cursos da PMPR da disciplina atinente ao Estatuto da Criança e do Adolescente;
>
> c) Programa de Abordagem de Rua, destinado a voluntários PMs;
>
> d) profissionalização de adolescentes, em cursos previamente estabelecidos, dentro dos quartéis;
>
> e) abertura dos quartéis à comunidade; e
>
> f) participação no cumprimento de algumas das medidas socioeducativas aplicadas ao adolescente infrator (prestação de serviços à comunidade, fiscalização da liberdade assistida)".

De Londrina veio a notícia sobre a PM lançar a Operação Menor Infrator, em julho de 1994, conjuntamente com a Polícia Civil e a Promotoria da Infância e da Adolescência e com a parceria do Sindicato do Comércio Varejista. Encarregou-se o delegado Jorge Ferreira da totalidade dos inquéritos em que se investiga o desaparecimento de crianças. Competente profissional, cuidadoso e discreto, lotei-o, em caráter especial, em sua sede, quando administrei a SESP. Assim se agiu com o objetivo de fornecer todos os meios, inclusive materiais, ao desenvolvimento de seu trabalho, sem esmorecimentos, no firme propósito de se cumprir o dever de ofício da organização policial paranaense.

Sempre me integrei a tal tipo de trabalho. Fez-se realizar, na sede da Escola de Polícia Civil, um encontro de que participaram todos os delegados e policiais militares que, um dia, se ocuparam das investigações sobre crianças desaparecidas.

Em sua maioria, o afastamento de delegados deveu-se à falta da garantia da inamovibilidade que, ainda, infelizmente, não anima o profissional e o exercício de seu trabalho, na maioria das vezes envolvido, negativamente, pelo jogo ou situações políticas, espúrias, perniciosas — e a meu ver intolerantes — pelos prejuízos que causam, muitos deles geradores do sentimento de descrença nas instituições e de impunidade.

As contínuas mudanças de delegados tornaram descontínuos os procedimentos investigatórios, com evidenciada perda do seu conjunto e da sua uniformidade, indispensável à descoberta da autoria e da materialidade de ilícitos criminais.

A reunião ocorreu, e dados importantíssimos foram repassados ao doutor Jorge Ferreira, o que motivou a SESP, depois de escutados diversos depoimentos de policiais civis e militares e recebido requerimento de Celina e Beatriz Cordeiro Abbage, dizendo-se vítimas de tortura, a reabrir, administrativamente, o Caso Guaratuba, para examiná-lo, restritivamente e com imparcialidade, no ângulo da alegada obtenção de prova por meio ilícito, jamais autorizado o exame do mérito da questão, hoje devolvida a julgamento exclusivo do Poder Judiciário.

Com essa experiência obtida no comando de uma instituição estatal, animo-me para enfrentar as questões — que são muitas — geradas pela Proposta de Emenda à Constituição n. 301/1996.

O Brasil e a legislação sobre o menor. Análise histórica

Pode-se, historicamente, discorrer sobre o tratamento legal dispensado à questão da criança, do adolescente e do menor-adulto que, hoje, por estarem *fora* do Direito Penal, não podem ser autores de fatos puníveis (art. 228 da CF; art. 27 do CP).

Código Criminal do Império de 1830

O Código Criminal do Império de 1830 continha a seguinte regra:

> "Art. 10. Também não se julgarão criminosos:
> § 1º Os menores de quatorze annos."

O saudoso professor Manoel Pedro Pimentel, da Universidade de São Paulo, aponta que

> "Declaração do Tribunal de Relação da Corte, proferida em 23 de março de 1864, assentou que os menores de 7 anos não tinham responsabilidade alguma, não estando, portanto, sujeitos a processo. Entre os 7 e os 14 anos, os menores que obrassem com discernimento poderiam ser considerados relativamente imputáveis e, nos termos do artigo 13 do mesmo Código, serem recolhidos às casas de correção 'pelo prazo que ao juiz parecer, contanto que o recolhimento não exceda à idade de dezessete anos'."[24]

O Código Republicano de 1890

Substituído pelo Código Penal dos Estados Unidos do Brasil (Decreto n. 847, de 11 de outubro de 1890), adotou-se, em nosso país, critério diferenciado, pela idade, para a afirmação ou não da responsabilidade penal. Irresponsável seria o menor infrator com idade até 9 anos (art. 27, § 1º). O maior de 9 e menor de 14 anos submeter-se-ia à avaliação de magistrado (art. 27, § 2º) sobre "a sua aptidão para distinguir o bem do mal, o reconhecimento de possuir ele relativa lucidez para orientar-se em face das alternativas do justo e do injusto, da moralidade e da imoralidade, do lícito e do ilícito",[25] posto que a capacidade de culpa atrelava-se a obrar o menor com discernimento.

A Lei n. 4.242, de 5 de janeiro de 1921

Com a Lei n. 4.242, de 5 de janeiro de 1921, seu artigo 3º, § 16 excluiu o menor de algum processo quando ainda não tivesse

24. A Constituinte e a menoridade penal. In: *Repertório IOB de Jurisprudência*, n. 12, p. 175, 2ª quinz. jun. 1988.

25. Garcia, Basileu. *Instituições*, p. 369.

completado 14 anos. Juntamente com o Decreto n. 16.272, de 20 de dezembro de 1923, buscava-se, no Brasil, proteger os menores *abandonados* e *delinquentes*.

A Consolidação das Leis Penais

A Consolidação das Leis Penais do desembargador Vicente Piragibe, publicada sob o título *Código Penal brasileiro*, completado com as leis modificadoras em vigor (art. 1º, Decreto n. 22.213, de 14 de dezembro de 1922), considerou como "não são criminosos os menores de 14 annos" (art. 27, § 1º) ou "abaixo dos 14 anos não havia mais reconhecimento da imputabilidade".[26] Quando com idade maior de 14 e inferior a 18 anos, submeter-se-ia o menor *abandonado* ou *delinquente* "ao *regimen* estabelecido pelo Decreto n. 17.943-A, de 12 de outubro de 1927, Código de Menores" (art. 30).

Projeto Galdino Siqueira

O Projeto Galdino Siqueira, no seu artigo 13, I, mantinha o limite de idade em 14 anos.

Projeto Sá Pereira

No Projeto Sá Pereira (art. 20), a idade era de 16 anos.

Projeto Alcântara Machado

No Projeto Alcântara Machado (art. 16, n. 1), de 18 anos tratava.

26. Pimentel, Manoel Pedro. Op. e loc. cits.

O Código Penal de 1940

Com o advento do Código Penal de 1940 (Decreto-lei n. 2.848, de 7 de dezembro de 1940), que, nesse passo, foi influenciado pelo Projeto Alcântara Machado, o legislador aumentou para 18 anos a idade ou "os menores de dezoito anos são penalmente irresponsáveis, ficando sujeitos às normas estabelecidas na legislação especial",[27] e não havia como os considerar diferentemente, porque a regra fundamentava-se em presunção *juris et de jure*.

O Projeto Hungria

No Projeto Hungria, de 1963, fixava-se a maioridade penal nos 18 anos. Admitia, todavia, quando provada a maturidade, excepcionalmente, a imputabilidade do maior de 16 anos.

O Código Penal de 1969

No Código Penal de 1969 (Decreto-lei n. 1.004, de 21 de outubro de 1969, com as alterações introduzidas pela Lei n. 6.016, de 31 de dezembro de 1973, retificada no *Diário Oficial*, de 6 de março de 1974): "O limite da imputabilidade foi mantido, como regra geral, nos dezoito anos. Excepcionalmente, pode ser declarado imputável o menor de dezesseis a dezoito anos, se revela suficiente desenvolvimento psíquico para entender o caráter ilícito do fato e governar a própria conduta."[28]

Se pelo Código Penal de 1940 a inimputabilidade residia num critério biológico (menoridade), no diploma de 1969 outro era o sistema de sua residência, ou seja, o *biopsicológico*, porque o menor entre

---

27. Na Exposição de Motivos ao Código Penal de 1940 escreveu-se que: "Não cuida o projeto dos imaturos (menores de 18 anos), senão para declará-los inteira e irrestritamente fora do Direito Penal (art. 23), sujeito apenas à pedagogia corretiva da legislação especial".

28. Cf. Exposição de Motivos, item n. 17.

16 e 18 anos de idade responderia pelo fato se revelasse "suficiente desenvolvimento psíquico para entender o caráter ilícito do fato e determinar-se de acordo com este entendimento. Neste caso, a pena aplicável é diminuída de um terço até a metade", escreveu-se em sua Exposição de Motivos.

Se o Código Penal de 1969 não teve um só dia de vigência em nosso país, teve-a outro diploma.

O Código Penal Militar

Trata-se do Código Penal Militar (Decreto-lei n. 1.001, de 21 de outubro de 1969), que firmou a imputabilidade, excepcionalmente, aos 16 anos (art. 50). Nessa parte, encontram-se ele revogado com o advento da Constituição de 1988. De igual modo aconteceu a revogação da regra do artigo 51, do referido diploma, que tratava da "equiparação a maiores".

Lei n. 7.209/1984

Na Reforma Penal de 1984 (Lei n. 7.209, de 11 de julho de 1984) apenas restou alterada a regra do artigo 23 do Código Penal de 1940, não quanto à idade, contudo. O artigo 27 da *lex* nova estabelece: "Os menores de 18 (dezoito) anos são penalmente inimputáveis, ficando sujeitos às normas na legislação especial". Sua Exposição de Motivos explica que a opção da não mudança encontrou, na política criminal, a sua razão.[29]

---

29. "23. Manteve o Projeto a inimputabilidade penal ao menor de 18 (dezoito) anos. Trata-se de opção apoiada em critérios de política criminal. Os que preconizam a redução do limite, sob a justificativa da criminalidade crescente, que a cada dia recruta maior número de menores, não consideram a circunstância de que o menor, ser ainda incompleto, é naturalmente antissocial na medida em que não é socializado ou instruído. O reajustamento do processo de formação do caráter deve ser cometido à educação, não à pena criminal. De resto, com a legislação de menores recentemente editada, dispõe o Estado dos instrumentos necessários ao afastamen-

Quando em vigor no Brasil o Código de Menores (Lei n. 6.697, de 10 de outubro de 1979), deu-se início à vigência da nova Parte Geral de Código Penal (Lei n. 7.209, de 11 de julho de 1984), a qual, presentemente, vigora, contudo tendo o Brasil outra lei.

O Estatuto da Criança e do Adolescente

Encontra-se ele na Lei n. 8.069, de 13 de julho de 1990, que "dispõe sobre a proteção integral à criança e ao adolescente" (art. 1º) e tornou realidade, no campo infraconstitucional, o conteúdo das regras programáticas do artigo 227 e seus parágrafos da Carta Magna.

Assim, presentemente, no Brasil, "considera-se criança a pessoa até doze anos de idade incompletos, e adolescente aquela entre doze e dezoito anos de idade" (art. 2º, Lei n. 8.069/1990 — ECA). São *menores-adultos* aqueles que têm 18 ou mais anos até a idade de 21, para os quais, excepcionalmente, nos casos expressos em lei, aplica-se o Estatuto (art. 2º, parágrafo único, Lei n. 8.069/1990). Regra geral, os maiores ou *adultos* têm idade igual ou superior a 21 anos.

A Assembleia Nacional Constituinte

Lido o *Diário* da Assembleia Nacional Constituinte, observei que, no artigo 261 do documento originário, a regra proposta à futura Constituição Federal tinha o seguinte conteúdo:

"A inimputabilidade dos menores será regulamentada em legislação especial".

No seio da Assembleia Nacional Constituinte, emendas foram apresentadas e votos de parlamentares foram colhidos e, aqui, faço referência a alguns deles. Por exemplo: I) o constituinte deputado

---

to do jovem delinquente, menor de 18 (dezoito) anos, do convívio social, sem sua necessária submissão ao tratamento do delinquente adulto, expondo-o à contaminação carcerária."

Antonio Salim Curiati formulou à Comissão da Família, Educação, Cultura, Esportes, Ciência, Tecnologia e Comunicação, à Subcomissão dos Direitos e Garantias Individuais e ao plenário a seguinte justificativa a uma só emenda de afirmação de inimputabilidade do menor de 16 anos:

> "Nos termos do Código Penal, vigente há mais de quarenta anos, são os menores de dezoito anos inimputáveis, isto é, penalmente irresponsáveis. Ficam, portanto, impunes os menores de dezoito anos, pois a norma penal não os alcança, não obstante pratiquem graves crimes contra a sociedade. Causa profundos temores o aumento sempre crescente da criminalidade, que gera a insegurança, mormente nas grandes cidades brasileiras, com a multiplicação de assaltos à mão armada, homicídios, sequestros, furtos, estupros e outros tantos delitos graves, que abalam a ordem jurídica. Ao legislador constituinte cumpre estabelecer providências eficazes para conter, ou quando possível diminuir o índice de criminalidade violenta, para que se propicie à família brasileira um mínimo de tranquilidade e segurança. Basta uma leitura de jornais para se constatar que é alarmante a frequência de delinquentes com idade entre dezesseis e dezoito anos e que não são punidos penalmente, de vez que a responsabilidade penal está posta pelo direito possível a partir dos dezoito anos. Entendemos que o homem, a partir dos dezesseis anos, deve responder penalmente pelos atos antissociais e crimes que venha a praticar, como está previsto em várias legislações penais do mundo contemporâneo. E essa é precisamente a alteração que introduzimos na política criminal, a fim de que não fiquem impunes autores de graves crimes contra a coletividade. Com dezesseis anos de idade, já tem o indivíduo suficiente discernimento para que possa distinguir entre o bem e o mal e, se prefere trilhar por este último caminho, deve responder pela sua conduta delituosa e ser alcançado pelas sanções criminais."

Também para a redução da idade (16 anos), o constituinte Miraldo Gomes formulou emenda modificativa. Motivou-a dessa maneira:

> "No mundo hodierno que vivemos cuja evolução decorre de vários fatores de integração do homem na sociedade, com o crescente e dinâ-

mico processo da cibernética, não mais se admite que a responsabilidade penal, pelo emblema da inimputabilidade, ressalve pessoas na faixa etária abaixo de 18 anos, tão somente. A lógica que promana da experiência de vida diz-nos da responsabilidade penal que deve alcançar a faixa etária daqueles que contam até os 16 anos, posto como nessa faixa etária já são suficientemente cônscios dos seus deveres e direitos. Por outro tanto, justificamos nosso esposamento, diante de circunstâncias inarredáveis pelas quais concluímos ser a sociedade de hoje diferente da sociedade de antanho, na qual, por prática consuetudinária, pessoas na faixa etária de 16 anos ainda usavam camisolões. Hodiernamente, pelo contrário, pessoas nessa faixa de idade já dirigem autos, conhecem a prática sexual em plena atividade de vida, sem contar com o grau de avanço noutros setores."

Para a Comissão de Sistematização, o constituinte Nyder Barbosa apresentou emenda inclusiva de redução da idade para a afirmação da capacidade de culpa do menor, porque

> "Os Constituintes devem levar em consideração que o legislador, ao elaborar o Código Penal, em 1940, fixou a idade de dezoito anos para o início da responsabilidade penal, tomando por base a mentalidade do jovem da época. Ora, hoje, temos que considerar que de lá pra cá decorreu mais de meio século, e a sociedade passou por significativas modificações científicas e sociais, fazendo com que mercê da evolução dos meios de comunicação, o indivíduo aos dez anos já tenha conhecimentos muito mais amplos das coisas do que uma pessoa que vivia naquela época. Dessa forma, entendemos que o cidadão, a partir dos dezesseis anos, podendo perfeitamente participar da vida pública, poderá também arcar com a responsabilidade penal, já que tem condições plenas de discernimento para saber o que é lícito e o que é ilícito".

Em plenário de votação, o constituinte Cardoso Alves disse: "Julgo ilógico e injusto outorgar-se o direito ao fórum de 16 anos e considerar-se inimputável, sob o ponto de vista penal, o menor de 18"; (II) cerca de 24 subscritores que tinham emendas propiciaram material para que se elaborasse a emenda da fusão. Pelo artigo 265 proposto, "são penalmente inimputáveis os menores de dezoito anos, sujeitos às normas da legislação especial". Dentre os parlamentares, estava o senador Nelson Carneiro; (III) pelo deputado Samir Achôa foi dito:

> "[...] esta Casa votou o direito ao maior de 16 anos de votar. Esta Casa pretende manter inimputável o maior de 16 anos. Sr. Presidente, isto é uma aberração, é motivo de chacota da própria sociedade brasileira, que, independentemente do voto, reclama a punição para os maiores de 16 anos que cometam algum crime. Isto é um absurdo. O artigo 265 do acordo não pode permitir este absurdo buscando desmoralizar, ainda mais, a Assembleia Nacional Constituinte. Aqui fala-se muito em ouvir o povo. Aqui fala-se muito em direito do povo, em direito de a sociedade participar e decidir. Desafio o plenário da Assembleia Nacional Constituinte para ouvir do povo para saber o que ele pensa a respeito da punição aos maiores de 16 anos. Isto é uma irresponsabilidade darmos o direito a voto e impedirmos que seja punido na fraude, no crime, no estupro, no assalto, no homicídio, isto não pode permanecer. Falo contra não ao acordo geral, mas ao artigo 265, que não pode ter sua redação da maneira como está. A Constituição pode ser omissa a respeito, pode até não fazer constar do seu texto essa heresia jurídica, mas votarmos contra aquilo que aprovamos é um absurdo. Faço um apelo aos constituintes: não votem favoravelmente a este absurdo, porque maior de 16 anos já tem condições de discernir, ainda mais quando estabelecemos o direito de voto. É o apelo que faço, para que não continuemos sendo objeto de gozações, como estamos sendo. Faço este apelo em nome da altivez da dignidade da Assembleia Nacional Constituinte";

(IV) Eraldo Tinoco asseverou: "[...] não há erro em se colocar o menor de 18 anos como inimputável. Se erro há, é o de se querer assegurar a essas pessoas o direito a voto, porque é uma questão de idade psicológica, que, no Mundo inteiro, é consagrado".

Durante o tempo de apresentação de emendas, discussão e votação delas na Assembleia Nacional Constituinte, o professor Manoel Pedro Pimentel escreveu o artigo "A Constituinte e a Menoridade

Penal", que foi publicado pelo *Repertório IOB de Jurisprudência*, n. 12, p. 175, na segunda quinzena de junho de 1988:

> "6. Surge, agora, um fato novo, que deve provocar urgente modificação do critério adotado. A Assembleia Nacional Constituinte aprovou a concessão dos direitos políticos aos maiores de 16 anos. O exercício desses direitos, todavia, apresenta o outro lado, relativo aos deveres do cidadão, entre eles o de sujeitar-se ao Código Eleitoral (Lei n. 4.737, de 15 de julho de 1965).
>
> Este Código inclui um Título IV, que trata das Disposições Penais. No Capítulo II cuida Dos Crimes Eleitorais. Apresenta-se, então, uma situação curiosa: o eleitor maior de 16 anos gozará de todos os direitos políticos, mas será inimputável, não respondendo pela prática dos crimes eleitorais.
>
> A outorga de direitos plenos, para o exercício da cidadania política, salvo as exceções, permitirá aos menores de 16 anos a prática de inúmeras infrações penais eleitorais, sem que venha a responder por elas, a não ser na forma da legislação especial aplicável aos menores de 18 anos.
>
> Esta anomalia já chamou a atenção dos juristas. Agora, não haverá outra solução: o Código Penal terá de ser adaptado à nova situação, estabelecendo a imputabilidade penal a partir dos 16 anos, porque a Constituição reconhecerá, implicitamente, que nessa idade o menor revela suficiente desenvolvimento psíquico para entender o caráter criminoso do fato e determinar-se de acordo com este entendimento.
>
> Se assim não fosse, como poderia esse menor exercer os direitos políticos, escolhendo os mandatários, quer no Poder Executivo, quer no Poder Legislativo.
>
> Ruíram, com a decisão tomada pelos constituintes, todos os argumentos que serviam aos defensores da tese vencedora no seio da Comissão da Reforma Penal de 1984.
>
> Urge, em consequência, a imediata revogação do artigo 27 do Código Penal vigente, para adaptá-lo à nova legislação constitucional."

Apesar de seu porte científico, um dos grandes juristas do Brasil, a reclamação do professor Manoel Pedro Pimentel não foi ouvida pelos constituintes de 1988 que disseram sim (435), não (8) e abstenção (9) para a emenda da fusão de que resultou a inimputabilidade penal de menores de dezoito anos, estes sempre sujeitos às normas da legislação especial.

Grosso modo, foi assim que, no Congresso Nacional, em seio constituinte, discutiu-se a questão da imputabilidade e inimputabilidade.

A doutrina penal, antes e depois da Constituição de 1988, sobre a fixação da imputabilidade

Não constitui demasia arrolar neste parecer as posições doutrinárias de nossos maiores expoentes da Ciência Penal acerca da menoridade.

Sem enfrentar a questão, para dizer se estava ou não de acordo com o critério utilizado pelo legislador de 1940, Anibal Bruno apontou que "o pensamento fundamental em referência à chamada criminalidade dos menores, é que ela não constitui matéria do Direito punitivo, mas de um regime *tutelar*".[30]

E. Magalhães Noronha, que foi Curador de Menores na capital paulista e diretor-geral do Departamento de Presídios, mostra que "predomina hoje, entre os países, como regra, que o menor deve ficar fora do Direito Penal e que as leis, que o tiverem por objeto, sejam de caráter tutelar".[31]

Nélson Hungria tinha sempre a pena aguçada. Apesar de em seu Projeto de 1963 advogar, excepcionalmente, em favor da imputabilidade para o maior de 16 e menor de 18 anos, admitira, anos antes, em seus *Comentários ao Código Penal* (de 1940), que "não devemos crer no fatalismo da delinquência. O próprio adulto inveterado na trilha do crime é corrigível, pois, como diz Saldaña, não é ele uma

30. *Direito Penal, Parte Geral*, t. 11, p. 163-164.

31. *Direito Penal*, v. 1, p. 171.

pedra"; "[...] é preferível, sem dúvida, tentar corrigi-lo por meios pedagógicos".[32]

Heleno Cláudio Fragoso que, hoje, tem no filho Fernando Fragoso a palavra do Direito Penal, asseverava que, sobre a menoridade, "a questão não é de imputabilidade, ou seja, de capacidade de culpa. Os menores estão fora do Direito Penal e não podem ser autores de fatos puníveis".[33]

Basileu Garcia dizia que "o problema dos menores está situado à margem do Direito Penal. Mas neste tem de ser mencionado, porque a imaturidade é causa de isenção de pena".[34]

Interessante que, mais recentemente, alguns penalistas já partem para outro tipo de argumentação e de crítica à posição do legislador de 1984. João Mestieri, ao qual também acrescento a qualidade de um *expert* advogado criminal do Rio de Janeiro, apenas comenta a possibilidade de "adoção simultânea de um critério composto de imputabilidade em razão da idade e de um sofisticado sistema dirigido aos menores". Contudo, João Mestieri não toma posição favorável à adoção desse critério de exceção. *Em Teoria elementar do Direito Criminal,* admite que o problema da delinquência juvenil encontra "melhor sistematização em legislação especial do que em disposições particulares do Código Penal".[35]

Mas Paulo José da Costa Júnior e Luiz Alberto Machado, respectivamente da Universidade de São Paulo e da Universidade Federal do Paraná, sustentam posições diferentes. A de Costa Júnior não é radical, é intermediária. Preconiza o retrocesso no limite da imputabilidade penal [*sic*], porém

> "o fazemos em condições peculiaríssimas, isto é, preconizamos uma justiça de menores, aplicada e executada por um tribunal especializado,

---

32. *Comentários ao Código Penal,* t. II, v. 1, p. 363 e 359.
33. *Lições de Direito Penal, Parte Geral,* p. 204.
34. *Instituições de Direito Penal,* v. 1, p. 378.
35. Página 225.

em que a pena, que não perderá seu caráter aflitivo, deverá ter natureza eminentemente pedagógica. O jovem infrator será alfabetizado, deverá fazer cursos profissionalizantes, com a cooperação do Sesi e do Senac. A laborterapia e a ludoterapia deverão ser empregadas abundantemente, até que o jovem atinja a fadiga, para esgotar-lhe a agressividade, como se procedia nos torneios da Idade Média, que servia melhor que qualquer divã de psicanalista".[36]

A de L. A. Machado é alternativa:

"a 'menoridade de 18 anos' (art. 27), mantida acientificamente (hoje não se pode negar que menores de 18 anos têm plena capacidade de entendimento e de autodeterminação.... Ainda que assim não fosse, porém, poder-se-ia utilizar a norma do Projeto Hungria, pela qual a menoridade entre 16 e 18 anos fixaria a imputabilidade, se, por exame, o menor fosse capaz de entendimento e de autodeterminação)"...[37]

A Constituição Federal de 1988

Nesse campo, acertadíssima a precaução que teve o constituinte. É mais que razoável disponha a Carta Magna sobre a *inimputabilidade* do menor de 18 anos. O conteúdo da cláusula de seu artigo 228 é de *segurança* para aqueles *pequenos* brasileiros vítimas de um sistema social amplo *sensu* opressivo com quem também brasileiros, jamais racionalmente, querem guerrear.[38] Tenho para mim que a determinação

---

36. *Comentários ao Código Penal, Parte Geral*, v. I, p. 218.

37. *Direito Criminal*, p. 141-142.

38. Aliás, recordo, aqui, que, no Paraná, em 1994, certo empresário incitou outros à prática de crimes contra menores. Foi na região de Londrina. O fato teve ampla repercussão, nacional e internacionalmente. Eis o que a *Folha de S.Paulo* publicou na época: "Anúncio prega morte de menores no PR" 09/03/94 Autor: José Maschio, caderno Cotidiano, p. 3-3, edição Nacional, tamanho: G365 mar. 9, 1994. Anúncio prega morte de menores no PR: "Mate um menor infrator", dizia classificado publicado em jornal de Londrina; autor é acusado de incitar o crime José Maschio, da Agência Folha, em Londrina; A Polícia Civil de Londrina (379 km ao

constitucional equivale em força de efeito à regra que veda a execução da pena de morte em nosso país, apesar de os exemplos de vida vivida pelos brasileiros demonstrarem o contrário. Com saudade lembro

---

norte de Curitiba-PR) indiciou ontem Marcelo Pereira, 25, por acusação de "incitação ao crime". Ele publicou anúncio, no último domingo, no jornal de classificados *Hot List*, no qual dizia: "Mate um menor infrator". O inquérito contra Pereira, que é diretor do jornal, foi solicitado pelo promotor especial da Vara da Criança e do Adolescente de Londrina, José Araídes Fernandes, 50. Segundo Fernandes, o anúncio mostra uma "gravíssima situação, com pessoas pregando a violência e a morte de adolescentes". Em depoimento à polícia, Marcelo Pereira disse que o anúncio "foi uma forma de intimidar os menores infratores". Pereira negou que comerciantes da região dos Cinco Conjuntos (zona norte de Londrina) estejam envolvidos na publicação do anúncio. O *Hot List*, com 2,7 mil exemplares, circula nos Cinco Conjuntos (região conhecida como "Cincão"), região com 110 mil habitantes e onde a incidência de assaltos é uma das maiores de Londrina. O anúncio, assinado por "comerciantes vitimados", pede que população "colabore para a melhoria do Cincão: mate um menor infrator". O presidente da Associação Comercial e Industrial dos Cinco Conjuntos, Antônio Arruda Pântano, 50, disse que a iniciativa do anúncio "não pode ser creditada aos comerciantes, pois foi uma ideia infeliz de Pereira, que foi assaltado recentemente". Pântano condenou "a pregação da violência para resolver os problemas de segurança na zona norte". Ele disse que os assaltos praticados por adolescentes são frequentes na região. "Mas isto não pode ser resolvido pela violência." O delegado-chefe da Polícia Civil de Londrina, Clóvis Galvão Gomes, 47, disse que os comerciantes que anunciam no *Hot List* serão ouvidos no inquérito, "pois pode existir participação de empresários na sandice". Sandra Freitas Coelho, 34, do Conselho Tutelar da Criança e do Adolescente de Londrina, disse que Pereira foi "irresponsável ao publicar o anúncio". O Conselho Tutelar da Criança e do Adolescente, com conselheiros eleitos pela população, não sabia dizer ontem o número de crianças e adolescentes infratores na cidade. Segundo Sandra Coelho, a última pesquisa sobre menores apontava 230 crianças e adolescentes vivendo nas ruas da cidade. Polícia do PR acaba inquérito sobre anúncio 10/03/94, caderno Cotidiano, página 3-3, edição Nacional, tamanho: M68 mar. 10, 1994. Polícia do PR acaba inquérito sobre anúncio da Agência Folha, em Londrina O delegado Enrico Max Hunning, do 5º DP de Londrina (379 km ao norte de Curitiba), enviou ontem ao Ministério Público inquérito contra Marcelo Pereira, 25, acusado de "incitar publicamente a prática de crime". Pereira publicou anúncio no jornal *Hot List* que dizia "mate um menor infrator". Caso o Ministério Público ofereça denúncia contra Pereira, ele pode ser condenado de três a seis meses de detenção.

Pelo caminho errado 11/03/94, caderno Opinião, página 1-2, edição Nacional, tamanho G293 mar. 11, 1994 seção Editorial. Pelo caminho errado Chacinas, massacres, esquadrões da morte, assassinatos, assaltos, furtos, brigas, a animosidade cotidiana das pessoas nas grandes cidades. O acúmulo e a exposição diária a tanta selvageria e incivilidade vai criando, no espírito dos brasileiros, uma verdadeira cultura da violência. E as pessoas acabam se acostumando com os níveis de brutalidade do ambiente em que vivem. Os mais tolos chegam até a acreditar que o remédio para acabar com a violência é mais violência, gerando um fantástico turbilhão de ódio. Um cidadão de Londrina, por exemplo, teve o desplante de fazer publicar num jornal um anúncio classificado cujo texto — por sua absurdidade — merece reprodução: "Colabore para a melhoria do Cincão (região da zona norte da cidade): 'MATE UM MENOR INFRATOR'.

de uma tarde de sábado. Era inverno em Curitiba, agosto era o mês e 1990 o ano. Eu representava a Ordem dos Advogados do Brasil — secional do Paraná. *A guerra dos meninos (Assassinatos de menores no Brasil)* foi o livro que Gilberto Dimenstein lançou e autografou em uma concorridíssima reunião na qual também discursei. Para mim ele escreveu: "Para o querido Rolf: Isso é Estado de Direito?"; para os leitores afirmará sempre:

> "Imagino ser natural que a experiência desta reportagem provoque abalos dos mais intensos nos radares emocionais do que as repetitivas entrevistas com ministros, deputados, senadores, burocratas, empresários, economistas. São mundos, entretanto, ligados — não se pode separar o menino desolado e agredido do burocrata ou ministro, que sustentam favores, traficam influência ou cultivam a incompetência — os descalabros reproduzem e solidificam o subdesenvolvimento. O foco de investigação deste livro é justamente a superfície mais necrosada da crise social brasileira, produzido pelo acúmulo da indiferença e negligência das elites e de seus governantes. Cada vez mais cresce a criminalidade infantil. E, cada vez mais, as crianças são vítimas de extermínios, que banalizam a pena de morte com julgamento e execuções sumárias. Nesse mundo os direitos individuais tornam-se um produto de luxo — um produto tão distante para essas crianças ou seus familiares como um potinho de caviar ou um *champagne* Veuve Clicquot...".[39]

Apoio: Comerciantes vitimados". A polícia paranaense agiu rápido e indiciou o responsável sob a acusação de incitação ao crime. Apesar da sua absoluta inoportunidade, a publicação do classificado pode servir como um sinal de alarme, como um sinal de que a sociedade brasileira, a persistir nessa rota, pode estar penetrando uma senda sem volta. O mais grave não é que haja um cidadão que ouse pedir publicamente às pessoas que saiam por aí matando crianças e adolescentes — afinal, loucos existem em toda parte. O que realmente choca é saber que há quem compartilhe essa infeliz opinião e, embora não anuncie em jornais, financia os grupos de extermínio. É preciso pôr um fim à cultura da violência. Se não se podem evitar massacres e chacinas, pode-se protestar quando estes ocorrem, forçando as sempre lentas autoridades a agir com determinação. Se não se podem evitar latrocínios, roubos e furtos, pode-se tentar diminuí-los votando em políticos realmente empenhados em construir um Brasil mais justo. A alternativa é a guerra de todos contra todos".

39. Páginas 11-12.

Será coincidência? Mas há outro texto que toca o coração do leitor. "Tragicomédia em uma cena, para uso em laboratórios de interpretação de política e criminologia, duas ciências a cada dia mais afins. O cardápio da morte e *dramatis personae*: 1. Exequiel Burundanga, deputado constituinte; 2. Brocardo Latino, assessor jurídico". *Direitos humanos em jogo*. Eis o início de diálogo e parte de seu desenvolvimento:

> "EB — Ora, muito bem, dr. Brocardo. Resolveu o problema?
>
> BL — Não, deputado, não resolvi. Estudei a *quaestio facti* e estou meio confuso. Aliás, quanto mais estudava, mais me confundia.
>
> EB — Não entra na minha cabeça que um aspecto tão secundário como este — a forma de execução — possa retardar a apresentação de nosso projeto de lei. O fundamental é a morte, em sua elevada abstração teórica. Matou, morreu.
>
> Morte lá, morte cá. Nada mais saudavelmente lógico. Agora, como se vai matar, como se vai morrer, que importância tem isso?"[40]

Ora — diria o leigo —, "não é por aí" (ou pela emenda à Constituição) que a questão "pode rolar".

O conteúdo de livros penais escritos no Brasil mudou. Seus autores despertaram-se para fórmulas novas de tratamento das questões jurídicas. Não imagino ter havido um empobrecimento da dogmática jurídico-criminal de nosso país. Ao contrário, aqui, apesar de silenciada antigamente — e a época do *Brasil nunca mais* rivalizou de início e aniquilou depois os nossos *pensadores* —, uma já não tão nova geração de brasileiros tem-na revelada fértil, por intermédio de política criminal que se constrói à luz da nova criminologia para produzir as normas de um Direito Penal moderno, político por excelência e elemento forte de garantia individual. Até haver o renascimento da atual ciência penal brasileira, quem suportava ler o que escreviam certos penalistas patrícios? Evoluía-se na construção ou reconstrução

---

40. Página 20.

de institutos penais, processuais penais e executórios penais, mas não interessava se, depois de normatizados, prestariam, por exemplo, à realização estrita dos fins do Direito Penal e em observância de seus caracteres. O discurso daquele tempo era outro. Apenas superficialmente enfrentava o *problema do crime* e, quando empolgava, era o ingênuo alcançado por ele porque ilusão fora-lhe *vendida*.

Ora, *Palavração* (revista de Psicanálise) tem um artigo intitulado "Extermínio e sacrifício de crianças". Seu autor é um menino (ainda) de Santa Catarina (Joinville) que deitou raízes no Paraná (Curitiba). Ele é o Jacinto Nelson de Miranda Coutinho que, certa feita, para psicanalistas, disse assim numa conferência:

> "O Direito Penal não é — e não pode ser! — o *direito dos outros*... Estamos com as nossas penitenciárias lotadas de pobres e vazias de ricos, quando deveriam estar lotadas de culpados, sejam pobres ou ricos.[41]
> [...] pimenta arde no pescoço dos outros, ou deve arder no pescoço dos outros. Como fazer um direito penal para os outros? Isso me parece um problema muito sério a se resolver, do ponto de vista social, porque continuamos com a necessidade da punição, da perseguição, mas continuamos sempre com essa vergonha de ter que carregar o fardo de fazer um direito que puna os outros, como se nós mesmos estivéssemos incluídos naquela totalidade. O problema, então, é que, concretamente, a coisa se realiza em relação a eles; e a nós o que faz é simplesmente acordar para o medo de quem sabe poder ali ser incluído. Nesse instante começamos imediatamente a pensar como fazer para não sermos incluídos entre aqueles que a luz pode alcançar, em que a sanção pode chegar, em que a castração possa operar. Ser incluído aí é uma possibilidade e, de consequência, o que mais nos impressiona, os outros, é exatamente que não estamos imaginando a hipótese de como fazer para entrar nessa situação e resolvê-la. Já estamos imaginando como é que vamos fazer para ir embora, em podendo ser alcançados pela luz ou não ser alcançados pela luz...".[42]

---

41. Ano 2, n. 2, p. 69, out. 1994.
42. Loc. cit.

Posições de há muito consagradas em face da legislação brasileira sobre o menor e o Estatuto da Criança e do Adolescente

Tão logo recebi a missão para, em primeiro lugar, examinar e exarar parecer sobre a questão objeto deste trabalho, procurei pessoas que, pela sua importância no contexto nacional e irrecusável competência, muito me auxiliaram. Isso aconteceu com o professor César Oliveira de Barros Leal, também conselheiro nacional de Política Criminal e Penitenciária, de quem colhi opiniões importantíssimas sobre o assunto e de quem recebi um farto material de leitura e a indicação do nome do professor Alyrio Cavallieri, com quem dialoguei e fui destinatário de valioso material doutrinário. Meu colega de turma na Faculdade de Direito, o dr. Olympio de Sá Sotto Maior Neto ajudou-me também. Demonstrou-me que o Estatuto da Criança e do Adolescente tem respostas aos problemas suscitados por aqueles que reclamam a alteração de regra constitucional. Hoje ele dirige a instituição paranaense do Ministério Público. Carinhosamente o chamo de promotor pediatra. A professora doutora Paula Inez Cunha Gomide, do Departamento de Psicologia da Universidade Federal do Paraná, conheci em 1994. Excelente profissional, auxiliou-me na Secretaria da Segurança Pública para o desencadeamento de política de segurança pública no trânsito. Por mim indagada a respeito do assunto "Redução da idade, de 18 para 16 anos, para penalização através do Código Penal", considerou "esta medida um retrocesso ao atendimento dos infratores juvenis". Aliás, sobre o Estado do Paraná, escreveu-me a professora Paula Inez que

> "as políticas sociais de atendimento à criança e ao adolescente nos últimos cinco anos têm-se adaptado gradualmente às determinações do ECA. Municípios criaram programas de colocação no trabalho e atendimento familiar para adolescentes infratores (Juizado da Infância e da Juventude de Paranavaí-PR), criaram os Conselhos Tutelares (no Paraná já estão em funcionamento 174) que auxiliam o juizado na implantação das medidas e atuam principalmente na área preventiva e de orientação, criaram os Conselhos Municipais de Direito da Criança e

do Adolescente (245 em funcionamento no Paraná), que estabelecem as políticas sociais adequadas para a área, buscando recursos para a sua efetivação e obrigando os governos a priorizarem o atendimento às crianças e adolescentes. Estamos trabalhando arduamente há cinco anos, desde a publicação da Lei n. 8.069, em julho de 1990, para a implantação do Estatuto da Criança e do Adolescente. Gostaríamos que este tipo de atendimento fosse estendido aos maiores de 18 anos, e não que os maus-tratos e despreparo do sistema penitenciário brasileiro abarcasse mais uma parcela da população".

Pesquisas que fiz apontaram-me a existência de vasta bibliografia sobre a criança e o adolescente. O jornal *Folha de S.Paulo*, nas suas edições de 1994, é utilíssimo para o leitor conhecer o que passou (e repete-se) na vida do povo brasileiro, no campo que interessa a este parecer. A começar pela Constituição Federal, a legislação de nosso país é amplíssima ao dedicar-se aos ainda não adultos. Esse vasto material desaconselha o rebaixamento da idade-limite da responsabilidade penal, porque não levará o Brasil a solucionar o problema da violência urbana.

No passado, o egrégio Conselho Nacional de Política Criminal e Penitenciária fez-se representar por seu presidente professor Edmundo Oliveira no III Seminário Latino-Americano sobre Direitos da Criança e do Adolescente: A Questão da Imputabilidade e Inimputabilidade. Do Unicef (Brasília) recebi o documento no qual estão contidas importantíssimas conclusões também avalizadas pelos seguintes participantes da oficina *ad hoc*: Antonio Fernando A. E. Silva (desembargador, Tribunal de Justiça, Santa Catarina); Breno Moreira Mussi (juiz de alçada, Tribunal de Alçada, Rio Grande do Sul); Carlos Eduardo de Araújo Lima (Secretário Nacional de Assuntos da Cidadania, Ministério da Justiça, Distrito Federal); Carlos Magno Cerqueira (cel. comandante, Polícia Militar do Estado do Rio de Janeiro, Rio de Janeiro); Dalmo de Abreu Dallari (secretário, Secretaria Municipal de Negócios Jurídicos, São Paulo); Edimar Rocha Penna (ten.-cel. Polícia Militar do Estado de São Paulo); Edson Lucas Viana (secretário, Fórum DCA, Rio de Janeiro); Esther Kosovisk (presidente, Conselho Nacional de Entorpecentes, Rio de Janeiro); Roberto Maurício Genofre (professor de Direito/delegado de Polícia, PUC/Departamento Estadual de Polícia Científica, São Paulo); João Marcelo de Araújo Jr. (professor titular, Universidade do Estado do Rio de Janeiro, Rio de Janeiro); José Henrique Pierangelli (professor, USP, São Paulo); Jessé de Bragança Soares (Juiz de Menores de Niterói, Juizado do Menor, Rio de Janeiro); Luiz Vicente Cernicchiaro (magistrado, Superior Tribunal de Justiça, Brasília); Marcel Esquivel Hoppe (Juiz de Direito, Juizado da Infância e Juventude, Rio Grande do Sul); Marco Aurélio Paioletti Martins Costa (Juiz de Direito, Tribunal de Justiça, São Bernardo, São Paulo); M. Mirelles Martins (coordenadora, Fórum DCA, Pernambuco); Munir Cury (Procurador de Justiça, Ministério Público do Estado de São Paulo, São Paulo); Noeval de Quadros (Juiz da Infância e Juventude, Tribunal de Justiça, Curitiba); Olympio de Sá Sotto Maior Neto (Promotor de Justiça, Procuradoria de Justiça, Paraná); Paulo Afonso G. de Paula (Promotor de Justiça, Ministério Público de São Paulo, São Paulo); René Ariel Dotti (secretário, Secretaria de Estado da Cultura, Paraná); Romero de Oliveira Andrade (Promotor de Justiça, Ministério Público de Pernambuco, Pernambuco); José Roberto F. Santoro (Procurador, Ministério Público da Procuradoria Geral da República, Distrito Federal); Wanderlino Nogueira (Promotor de Justiça/professor de Direito Internacional, Ministério Público Estadual/Universidade Federal da Bahia, Bahia); Célia Pecci (assessora técnica, Secretaria do Menor do Estado de São Paulo, São Paulo) e Benedito Antonio Dias da Silva (conselheiro, OAB, São Paulo).

Eis as conclusões:

> "1. A inimputabilidade não implica irresponsabilidade e impunidade, ficando os adolescentes autores de atos infracionais sujeitos a medidas socioeducativas, inclusive privação de liberdade.
> 2. O Estatuto da Criança e do Adolescente é suficientemente severo no que concerne às consequências jurídicas decorrentes dos atos infracionais praticados por adolescentes.

> 3. É necessária a imediata implantação ou implementação dos programas relativos às medidas socioeducativas previstas no Estatuto da Criança e do Adolescente, que têm se mostrado, nos locais onde foram corretamente instalados, aptos a ser resposta social, justa e adequada, à prática de atos infracionais por adolescentes, com eficiência maior que pura e simples retribuição penal e o consequente ingresso do jovem no sistema penitenciário.
> 4. É mister, no embate à criminalidade infantojuvenil, que sejam adotadas todas as medidas, judiciais e extrajudiciais (políticas e administrativas), governamentais e não governamentais, no sentido da distribuição da justiça social, de modo a universalizar o acesso às políticas sociais públicas.
> 5. A fixação da imputabilidade a partir dos 18 anos de idade tem por fundamento critério de política legislativa adequado à realidade brasileira, manifestando-se os signatários intransigentemente contrários a qualquer tentativa de redução da idade da responsabilidade penal, o que está de acordo com a normativa internacional, sendo imperiosa sua permanência em sede constitucional".

Referentemente ao tema "o ato infracional; diminuição da imputabilidade penal", o III Encontro Estadual do Ministério Público sobre o Estatuto da Criança e do Adolescente (Foz do Iguaçu, 28-30 de outubro de 1993) deliberou:

"É de se manter a inimputabilidade penal até os 18 (dezoito) anos de idade, sujeitando-se os adolescentes que pratiquem atos infracionais às normas de Estatuto da Criança e do Adolescente".[43]

Muitos anos antes, o Grupo de Acompanhamento de Revisão Constitucional do Fórum de Defesa da Criança e do Adolescente Nacional pronunciou-se sobre "As conquistas a serem mantidas na Constituição Federal. Não ao retrocesso repressor!". O texto é riquíssimo e convincente e aponta que os princípios constitucionais atualmente em vigor no Brasil

43. *Igualdade*, livro 2, p. 13.

> "são a própria expressão da normativa internacional estabelecida pela Convenção dos Direitos da Criança, ratificada pelo Brasil e, portanto, direitos e garantias incluídos no sistema nacional por força da expressa disposição do artigo 5º da Constituição Federal".[44]

Ainda na linha de argumentação avessa à Proposta de Emenda Constitucional, peço-lhes Senhores Conselheiros que conheçam, dentre inúmeras manifestações, as de Jussara de Goiás (Assessoria para as Questões da Criança e do Adolescente), sobre ser

> "preciso realizar um vasto trabalho de esclarecimento destinado a demonstrar a impossibilidade de uma sociedade realmente democrática e moderna com uma infância postergada em suas necessidades vitais".[45]

Alyrio Cavallieri (vice-presidente da Associação Internacional de Juízes de Menores e de Família e ex-juiz de Menores) indaga

> "E a cadeia resolve? Se a cadeia não está cumprindo sua missão, por que levar mais alguém para dentro dela? Consideremos que, de cada cem menores presos, cerca de 70 têm idade entre 16 e 18 anos. Como 80% dos seus crimes são contra o patrimônio, punidos com pena de reclusão, calcule-se a quantidade de jovens que aumentaria a superpopulação das penitenciárias".[46]

Maria Ignês Bierrenbach (assistente social e presidente da Comissão Teotônio Vilela de Direitos Humanos e ex-presidente da Febem-SP) tratou do tema "A idade de responsabilidade criminal dos jovens". Para ela, "a nação precisa apostar e acreditar no potencial da nova geração, sem rótulos nem estigmas".[47] "Inimputabilidade, não impunidade" é o texto escrito pelo Juiz de Direito da

44. *Igualdade*, livro 2, p. 57-58.
45. Inimputabilidade volta ao Congresso (*Informativo Inesc*, n. 57, p. 7, jun. 1995).
46. Direito & Justiça. *Correio Braziliense*, Brasília, 26 fev. 1996.
47. *Folha de S.Paulo*, 26 jun. 1995.

Infância e da Juventude do Rio Grande do Sul, dr. João Batista Costa Saraiva.

> "A responsabilidade desses jovens, diferentemente do que se afirma, não os faz livres da ação da Lei. Ao contrário, ficam subordinados aos ditames da norma, que lhes imporá em caso de culpa — apurada dentro do devido processo legal — medidas socioeducativas compatíveis com sua condição de pessoa em desenvolvimento e o fato delituoso em que se envolveu. [...] Não for pensado assim, amanhã estar-se-á questionando a redução da idade de imputabilidade penal para 12 anos, e depois para menos, quem sabe, até que qualquer dia não faltará quem justifique a punição de nascituros, especialmente se forem filhos de pobres".[48]

Também Hélio Bicudo (deputado federal e vice-coordenador do Centro Santo Dias de Direitos Humanos da Arquidiocese de São Paulo) tem em "A responsabilidade penal da criança e do jovem" valiosa opinião avessa à Proposta de Emenda Constitucional. "É evidente não ser esse o caminho para o combate à criminalidade", porque "o constituinte de 1986/88 entendeu de erigir essa norma em garantia constitucional, antevendo talvez os movimentos emocionais decorrentes do aumento das taxas de criminalidade".[49]

Pela leitura que fiz, observei que os partidários da ideia de rebaixamento da idade — de 18 para 16 anos — argumentam nela haver contrassenso legal porque: a) o menor de 16 anos pode votar. Contudo, respondo-lhes que o voto não é obrigatório (art. 14, II, *c*, da CF) e creio que razoabilidade haveria nessa espécie de argumento se o legislador buscasse, à guisa de coerência técnico-jurídica do sistema, explicitá-la diferentemente. Por que não se propõe o fim legal de tal direito, só por interesse conferido a outrem, para se alcançar — então sim — a pretensa coerência técnico-jurídica do

48. *Folha de S.Paulo*, 4 nov. 1993.

49. *Informativo Inesc*, n. 58, p. 7, jul. 1995.

sistema? Acaso praticasse algum ato infracional, o eleitor menor de 18 anos não se submeteria ao regime do Estatuto da Criança e do Adolescente? É óbvio que sim e, nele, há um conjunto de sanções que não pode ser esquecido; b) dirigir não pode o menor de 18 anos, pelo menos por agora no Brasil, daí que esse argumento não vinga; c) de razoabilidade discutível ainda seria a Proposta de Emenda Constitucional se o legislador pretendesse adicionar em lei também a imputabilidade excepcional do maior de 16 anos, provada a sua maturidade. Não é assim. Pura e simplesmente ele altera a parte mais íntima do critério unitário atualmente em vigor no Brasil mediante a redução da idade de 18 para 16 anos. Lograsse aceitação a proposta, futuramente todos os jovens maiores de 16 anos seriam tidos como imputáveis penalmente. Porque a presunção é absoluta, deveria ser cegamente acatada pelos operadores do direito, mesmo para aqueles que não tivessem capacidade de entendimento e de autodeterminação. Tal sugestão levaria a punir criminalmente quem fosse imaturo para o entendimento do fato e determinação de seu comportamento, por isso que a acho despropositada, *data venia*, como seria também a que determinasse a submissão do sujeito maior de 16 e menor de 18 anos a exame de constatação ou não de sua maturidade, para dizê-lo ou não inimputável. Tal fórmula reiteraria aquilo que, hoje, não tem mais razão de ser,[50] porque o subjetivismo, que é próprio de perícias (por exemplo, psicológicas), deve ser combatido veementemente na seara penal; d) inimputabilidade (estado em que há ausência de capacidade de culpa) e impunidade (estado de impune) são

---

50. Há muito tempo, como tese representada na III Conferência Nacional de Desembargadores, Cavalcanti de Gusmão foi buscar em escrito de Galdino Siqueira as seguintes "palavras sobre o sistema do discernimento, quando explica a sua abolição no nosso direito: 'Depois a distinção baseada no discernimento não oferecia base segura, já diante da diversidade de acepções do que seja esse estado do espírito, para os fins penais, como já vimos, já pelas dificuldades, muitas vezes intransponíveis que se oferecem, na prática, para constatá-lo' (*Tratado*, 1. ed., v. I, p. 425). Mais adiante acrescenta: "Outro inconveniente surgira em fazer depender a repressão da prova do discernimento que, por vaga e obscura e além disso restrita à maturidade intelectual, olvidando a dos sentimentos e volições objeto de divergências acentuadas entre os autores, não podia, por isso mesmo, servir de critério certo' (*Tratado*, 1. ed., v. I, p. 423)". (In: Rodrigues, Manoel S. (Ed.). *Responsabilidade penal do menor*, 1970. p. 9-10).

conceitos diferenciados. Ousar equipará-los constitui absurdo. Ademais, fere o princípio constitucional da moralidade (art. 37) buscar o legislador, na solução da redução da imputabilidade, substitutivamente, a não efetivação material de programas de execução das medidas socioeducativas legais; e) além disso, as respostas legais abstratas para os atos infracionais contidas no Estatuto da Criança e do Adolescente são sábias. Escreveu o procurador de Justiça doutor Olympio de Sá Sotto Maior Neto que

> "o Estatuto submete todos os adolescentes praticantes de ato infracional a julgamento, perante a Justiça da Infância e da Juventude, e que as medidas socioeducativas vão desde a advertência, a obrigação de reparar o dano, a prestação de serviços à comunidade, até a privação de liberdade".[51]

Nesse aspecto, a *Revista do Conselho Nacional de Política Criminal e Penitenciária* contém um trabalho escrito pela conselheira Julita Lemgruber, que tanto engrandece culturalmente o referido colegiado e que, no passado, beneditinamente, dirigiu o Departamento do Sistema Penal do Estado do Rio de Janeiro. Enquanto há quem confunda inimputabilidade (ausência de capacidade de culpa) com impunidade (estado de impune) e quem sem razão despreze o sistema de responsabilização contido no Estatuto da Criança e do Adolescente,[52]

---

51. O ato infracional; diminuição da imputabilidade penal (palestra proferida no III Encontro Estadual do Ministério Público sobre o Estatuto da Criança e do Adolescente, Foz do Iguaçu, 28 a 30 de outubro de 1993). In: *Igualdade* (revista trimestral do Centro de Apoio Operacional das Promotorias da Criança e do Adolescente), Curitiba, p. 51, jan./mar. 1994.

52. "É evidente não ser esse o caminho para o combate à criminalidade, com o encaminhamento de pessoas jovens à promiscuidade de nosso sistema prisional, onde a corrupção e a violência são a tônica de um sistema falido. Tenha-se, todavia, em mente, que o adolescente infrator não permanece em liberdade. Leia-se, a propósito, o quanto dispõe o Estatuto da Criança e do Adolescente, em cujo texto se disciplinam penalidades que vão até três anos de internação, as quais podem perdurar por tempo maior, desde que as circunstâncias o indiquem. Leiam-se, a respeito, os artigos 121 e 123, dessa lei, que se constitui em marco relevante no tratamento do problema" (cf. Hélio Bicudo, *Folha de S.Paulo*, edição de 26 de junho de 1995).

a doutora Julita Lemgruber demonstrou que tal diploma está à frente da legislação punitiva dedicada ao adulto, pois "a remissão, a advertência e a liberdade assistida, esta última muito semelhante ao instituto da *probation*, são alternativas inexistentes na legislação penal destinada aos adultos".[53]

O trabalho da doutora Julita Lemgruber tem por título "A necessidade da aplicação e ampliação das alternativas à pena privativa da liberdade" e nele a autora apresenta-nos o perfil de crianças e adolescentes infratores:

> "[...] no que concerne à questão do analfabetismo e levando-se em conta que 98,34% do universo pesquisado são adolescentes, na faixa etária dos 12 aos 17 anos, é possível utilizar dados do IBGE. Segundo o mesmo, são analfabetos 7,2% da população situada na faixa etária dos 10 aos 17 anos e, de acordo com o levantamento da 2ª Vara da Infância e Adolescência, 35% dos que por lá passaram são analfabetos. Variação percentual tão significativa está a demonstrar, com muita nitidez, que a população que passa pela 2ª Vara tem características muito semelhantes à população adulta, penalizada por nosso sistema de justiça criminal. São crianças e adolescentes que, em quase sua totalidade, provêm de famílias muito pobres e cedo aprendem a ganhar seu sustento ilicitamente — quase 70% de seus atos infracionais são furtos e roubos".[54]

Ademais, ao advogar a adoção de medidas alternativas ao encarceramento, mostra-nos ainda a conselheira nacional Julita Lemgruber que o índice de reincidência é maior entre os maiores comparativamente aos menores.[55] Cientificamente, pois, melhor é o Estatuto da Criança e do Adolescente; pior o Código Penal, de há muito ultrapassado, sabidamente, na parte em que tem na pena privativa de

53. V. 1, p. 66, n. 5, jan./jun. 1995.

54. Loc. cit., p. 66.

55. Loc. cit.

liberdade a solução para tudo e para todos,[56] ou será que o legislador ainda crê que encher cadeia resolve?

---

56. Poder-lhes-ia citar passagens de penalistas para explicar-lhes que a pena não é a solução para tudo e para todos. Preferi, no entanto, buscar a explicação nas palavras da professora doutora Paula Inez Gomide, que é *expert* em questões menoristas, pelo exercício da Psicologia. Em parecer a mim encaminhado delicadamente, disse-me ela: "A questão colocada para discussão deve ser analisada sob a luz de alguns determinantes sociais e comportamentais. Enfocando-se o tema da redução da idade sob as óticas da retirada do convívio social e da punição do delinquente que comete ato infracional, aparentemente, a sociedade poderia estar sendo beneficiada por esta medida.

Trataremos de cada um destes determinantes separadamente. A punição desejada pela sociedade para o delinquente juvenil atende tão somente ao anseio de atribuição de castigo àqueles que infringem as regras sociais, pois, como é do conhecimento de todos, o sistema carcerário brasileiro não é capaz de recuperar criminosos. O sistema é perverso, punitivo e, além disso, é altamente criminalizante. Ou seja, aqueles que ingressam no sistema carcerário adquirem ao longo de sua permanência repertório comportamental criminoso, desvios de personalidade direcionados para a patologia e praticamente inviabilizam qualquer tipo de tratamento de recuperação. Nas cadeias os códigos são regidos pelo sistema infrator, a lei é definida pelo chefe da quadrilha, as violências sexuais são a regra, instalando uma conduta sexual pervertida. As pesquisas da área sugerem, primeiro, que as experiências carcerárias aumentam de fato a probabilidade de reincidência após a libertação e, segundo, que isto ocorre devido aos efeitos nocivos da vida na prisão. O sistema de valores a que o preso é submetido é, inevitavelmente, mais criminoso do que o do mundo externo e, tendo em vista que todos os presos cometeram algum tipo de delito, não é surpreendente que as atitudes favoráveis à delinquência sejam reforçadas e os talentos e habilidades relevantes para o crime se desenvolvam ainda mais após a prisão.

Já retirada do convívio social atende apenas a uma necessidade imediata da vítima. A pessoa vitimizada pela agressão ou furto quer se ver livre do criminoso, sem fazer uma análise adequada dos efeitos de tal ação punitiva sobre o comportamento futuro do infrator. O preso, na maioria das vezes, permanece na penitenciária o tempo suficiente para aprender e se desenvolver ainda mais na criminalidade, porém, é solto. Ao ser solto, retorna para o convívio social, desta feita um indivíduo muito pior do que aquele que ingressou no sistema. Portanto, a ação nos parece ineficaz. A punição não muda o comportamento, ao contrário, o agrava e a retirada do convívio é apenas temporária. Não estamos aqui defendendo a pena de morte e nem a prisão perpétua como solução, como alguns podem estar imaginando. Estas duas medidas representam a opção daqueles que são descrentes na espécie humana considerando-a nefasta e merecedora do extermínio. Não é certamente o nosso caso."

Acrescento ainda o artigo que a socióloga, assessora da Secretaria de Justiça do Rio de Janeiro e conselheira nacional do CNPCP escreveu para a revista *Veja* (edição de 12 de julho de 1994, p. 134). Estampado na seção "Ponto de Vista", tem por manchete esta afirmação: "Encher cadeia não resolve" ou "Criminólogos de diferentes países sustentam que a "indústria do controle do crime" — expressão cunhada por Nils Christie, renomado criminólogo norueguês — *está por detrás do recrudescimento da legislação penal dos Estados Unidos, com seu consequente aumento*

(Também) a inadmissibilidade da emenda: a norma do artigo 60, § 4º, IV, da Constituição Federal

Para a meditação do leitor, trago-lhe esse aspecto importantíssimo.

O artigo 60, § 4º, IV, da Constituição Federal, manda o legislador observar o seguinte:

> "A Constituição poderá ser emendada mediante proposta:
> [...]
> Não será objeto de deliberação a proposta de emenda tendente a abolir:
> [...]
> — os direitos e garantias individuais".

Apesar de a norma do artigo 228, da Carta Magna, encontrar-se no Capítulo VII (Da Família, da Criança, do Adolescente e do Idoso), do Título VIII (Da Ordem Social), não há como negar-lhe, em contraposição às de seu artigo 5º (Capítulo I, Dos Direitos e Deveres Individuais e Coletivos, do Título II, Dos Direitos e Garantias Fundamentais), a *natureza análoga* aos direitos, liberdades e garantias. Escreveu J. J. Gomes Canotilho que

> "os direitos de natureza análoga são os direitos que, embora não referidos no catálogo dos direitos, liberdades e garantias, beneficiam de um regime jurídico constitucional idêntico aos destes".[57]

Então, nesse aspecto, na regra do artigo 228, da Constituição Federal, há embutida uma "garantia pessoal de natureza análoga",

---

desmesurado do número de presos. Esse "complexo industrial prisional", nascido do medo exacerbado do crime entre a população, disputa as verbas bilionárias, constrói e opera prisões, além de fabricar os mais diferentes produtos consumidos no sistema penitenciário americano. A título de exemplo, só uma fábrica de sabonetes vendeu em 1994 o equivalente a 100.000 dólares para as prisões de Nova York. O catálogo da feira anual de produtos para prisões tem mais de 300 páginas de ofertas. É por isso que se diz hoje, naquele país, que o crime compensa.

57. *Direito Constitucional*, p. 529.

dispersa ao longo do referido diploma ou não contida no rol específico das garantias ou dos meios processuais adequados para a defesa dos direitos.[58]

O deputado Hélio Bicudo, de São Paulo, e o Fórum de Defesa da Criança e do Adolescente Nacional enfrentaram esse impedimento legal. Para o primeiro,

> "Ao buscar o rebaixamento da idade de imputabilidade penal, embasado em um raciocínio predominantemente subjetivo, a emenda proposta esbarra na proibição do artigo 60, § 4º, da Constituição Federal...".[59]

Ao segundo,

> "Quanto ao artigo 227 e seus parágrafos e incisos, sua intocabilidade decorre da circunstância de elencarem direitos e garantias individuais que, a exemplo daquelas incrustadas no artigo 5º da Constituição Federal, são tidas como 'cláusulas pétreas' da Constituição, decorrência do explicitado no artigo 60, § 4º, IV, da Carta."[60]

A magistratura brasileira: resposta à questão do rebaixamento da idade do menor

A imprensa nacional divulgou recentemente (junho de 1996) o resultado de uma pesquisa realizada no seio da magistratura brasileira de primeira e segunda instâncias. O resultado é o de que nossos juízes são favoráveis à alteração do texto da regra do artigo 228 da Constituição Federal.

---

58. Essa é a fórmula que J. J. Gomes Canotilho adotou para explicar os direitos de natureza análoga aos direitos, liberdades e garantias (op. cit., p. 529-530).

59. *Folha de S.Paulo*, 26 jun. 1995.

60. "As conquistas a serem mantidas na Constituição Federal. Não ao retrocesso repressor!" (*Igualdade*, revista trimestral do Centro de Apoio Operacional das Promotorias da Criança e do Adolescente, Curitiba, livro 2, p. 57, jan./mar. 1994).

Lamento que tenha sido esse o resultado.

Desde 1990 (1. ed.), em 1991 (2. ed.) e até 1995 (3. ed.), a editora Revista dos Tribunais vem editando o livro *Direito Penal na Constituição* escrito pelos penalistas Paulo José da Costa Júnior e Luiz Vicente Cernicchiaro. O segundo é professor titular na Universidade de Brasília, doutor em Direito Penal e Criminologia pela Universidade de Roma, ministro do Superior Tribunal de Justiça e coordenador da Comissão de Reforma da Parte Especial do Código Penal. Suas decisões na referida Corte de Brasília sempre têm repercussão porque, diuturnamente, tornam novo e humanizam o Direito Penal de nossa terra.

Por isso, ninguém melhor do que o juiz Luiz Vicente Cernicchiaro para responder ao resultado da pesquisa patrocinada pela Associação dos Magistrados Brasileiros. O texto é anterior à vigência do Estatuto da Criança e do Adolescente, mas ainda não perdeu a sua atualidade, mesmo que escrito em face da Lei n. 6.697, de 10 de outubro de 1979 (Código de Menores).

> "Apesar disso, louve-se a Constituição.
>
> Ninguém ignora, muito menos o legislador, a chamada 'criminalidade juvenil'. É crescente. Amplia-se em todas as áreas, no país e no estrangeiro. O moço de dezessete anos tem, pela convivência social, perfeito conhecimento da ilicitude do furto, do estupro ou do estelionato. Aumenta a participação de jovens no comércio e uso de entorpecentes.
>
> O menor de dezoito anos, entretanto, está com a personalidade ainda em formação. É ainda muito cedo para sofrer os rigores da sanção penal.
>
> Ao Estado incumbe prestar as medidas pedagógicas e reeducativas para prevenir o ingresso ou a permanência do menor no terreno da ilicitude.
>
> A Criminologia, em particular a Criminologia Crítica, no esforço de explicar as causas que impulsionam o homem à prática de condutas juridicamente vedadas, no que tem o abono da Sociologia Jurídica, mostra a influência do meio, as carências familiares e da sociedade, a discriminação de classes sociais, a desigualdade de oportunidades para o que vulgarmente se chama 'vencer na vida'. O discurso não pode ser

desprezado, embora necessário analisar o problema em seu todo, lembrando que os princípios dos Direitos Humanos se dirigem a todos os homens. Não se pode ficar insensível quando a miséria, a ausência de orientação familiar, o racismo, a carência de solidariedade humana compeliram alguém à criminalidade, quase sempre contra o patrimônio. Não se deve ficar insensível também quando o agente, ainda que vítima da injustiça social, faz vítimas inocentes, sem nenhuma culpa, sequer influencia para mudar ou reverter esse melancólico quadro social. A extorsão mediante sequestro, notadamente quando o refém é uma criança, revolta e toca o sentimento de solidariedade humana. Outros exemplos, com facilidade, seriam trazidos à colação.

É inconveniente reduzir a idade para a relevância penal. O sistema vigente é melhor. O que acontecerá com o eleitor de dezoito anos. Eventual fraude, para retornar a ilustração, como ilícito, movimentará o Direito. Não ficará a salvo de qualquer sanção. Incidem as normas da Lei n. 6.697, de 10/10/1979 (Código de Menores)".[61]

Conclusão

Essas as considerações que submeto à apreciação dos eminentes integrantes do Egrégio Conselho Nacional de Política Criminal e Penitenciária.

É óbvio que a menoridade não é carta de alforria!

De Curitiba para
Brasília, em 24 de junho de 1996.
Conselheiro Rolf Koerner Júnior

61. Op. cit., p. 177-178.

9

A idade e as razões: não ao rebaixamento da imputabilidade penal

João Batista Costa Saraiva*

Introdução

Afinal, a solução no combate à criminalidade, em especial nos grandes centros urbanos, passa pela redução da idade de imputabilidade penal hoje fixada em 18 anos? Alguns setores dão tanta ênfase a esta proposta que induzem a opinião pública a crer que seria a solução mágica na problemática da segurança pública, capaz de devolver a paz social tão almejada por todos. A linha principal do argumento é de que cada vez mais adultos se servem de adolescentes como *longa*

* Juiz da Infância e Juventude no Rio Grande do Sul, professor de Direito da Criança e do Adolescente na Escola Superior da Magistratura do Rio Grande do Sul.

manus de suas ações criminosas, e que isso impede a efetiva e eficaz ação policial. Outros retomam o argumento do discernimento, que o jovem pode votar aos 16 anos e que hoje tem acesso a um sem-número de informações que precipitam seu precoce amadurecimento etc.

Inimputabilidade, não impunidade

A primeira distinção que impõe seja feita, diante do torvelinho de ideias que são lançadas, é que é preciso estabelecer a necessária distinção entre inimputabilidade penal e impunidade.

A inimputabilidade — causa de exclusão da responsabilidade penal — não significa, absolutamente, irresponsabilidade pessoal ou social.

O clamor social em relação ao jovem infrator — menor de 18 anos — surge da equivocada sensação de que nada lhe acontece quando autor de infração penal. Seguramente a noção errônea de impunidade se tem revelado no maior obstáculo à plena efetivação do ECA, principalmente diante da crescente onda de violência, em níveis alarmantes. A criação de grupos de extermínio, como pseudodefesa da sociedade, foi gerada no ventre nefasto daqueles que não percebem que é exatamente na correta aplicação do ECA que está a salvaguarda da sociedade. Todo o questionamento que é feito por estes setores parte da superada doutrina que sustentava o velho Código de Menores, que não reconhecia a criança e o adolescente como sujeitos, mas mero objetos do processo. Daí crerem ser necessário reduzir a idade de imputabilidade penal para responsabilizá-los. Engano ou desconhecimento.

A circunstância de o adolescente não responder por seus atos delituosos perante a Corte Penal não o faz irresponsável. Ao contrário do que sofismática e erroneamente se propala, o sistema legal implantado pelo Estatuto da Criança e do Adolescente faz estes jovens, entre 12 e 18 anos, sujeitos de direitos e de responsabilidades e, em caso de infração, prevê medidas socioeducativas, inclusive com privação de liberdade.

Muitas das críticas feitas à atual legislação da criança e do adolescente, ou os "arreganhos" dos adversários do ECA, assim definidos pelo ministro Sepúlveda Pertence,[1] podem ser dimensionadas nas palavras de Antônio Carlos Gomes da Costa:[2] "vomitam aquilo de que não se alimentaram".

Diferentemente do que é bradado, a máxima "com menor[3] não dá nada", está em desacordo com o que preceitua nosso sistema. O Estatuto prevê e sanciona medidas socioeducativas[4] eficazes, reconhece a possibilidade de privação provisória de liberdade ao infrator, não sentenciado — inclusive em parâmetros mais abrangentes que o CPP destine aos imputáveis na prisão preventiva — e oferece uma gama larga de alternativas de responsabilização, cuja mais grave impõe o internamento sem atividades externas.

Privação de liberdade do infrator

A propósito dessa medida privativa de liberdade — internação na linguagem da lei —, o que a distingue fundamentalmente da pena

1. Discurso proferido por ocasião do lançamento do CD-ROM *Direitos de Criança e do Adolescente*, em Brasília, em iniciativa conjunta do UNICEF, Fundação Banco do Brasil e AJURIS.

2. Pedagogo, consultor do UNICEF, ex-presidente da CBIA.

3. Em uma viagem, por acaso, caiu em minhas mãos um jornal de grande circulação do Estado do Paraná. Naquela interminável jornada, na busca de passar o tempo, não só li aquilo que normalmente me interessa em um jornal, como acabei me deparando com a indefectível página policial dos periódicos, local antigamente destinado às tragédias do cotidiano. Digo antigamente porque hoje o jornalismo se faz quase somente de desgraças, não escapando dessas nem as futilidades das colunas sociais.

A manchete da página policial, porém, por seu conteúdo ideológico, até hoje me serve como exemplo emblemático de parcela significativa de nossa cultura brasileira: "Menor assalta criança na frente da escola". Menor era o infrator criança, a vítima.

Nisso pode ser resumida toda a dificuldade para completa efetividade de doutrina da proteção integral preconizada pelo Estatuto da Criança e do Adolescente. Ainda se raciocina no sentido de que crianças são os filhos bem-nascidos e menores são os outros: os pobres, os negros, os meninos de rua, os excluídos.

4. Ver "Adolescentes em confronto com a lei: O ECA como instrumento de responsabilização ou a eficácia das medidas socioeducativas" (*Ajuris*, v. 67, n. 60).

imposta ao maior de 18 anos é que, enquanto aquela é cumprida no sistema penitenciário[5] — que todos sabem o que é, nada mais fazendo além de encarcerar — onde se misturam criminosos de toda espécie e graus de comprometimento —, aquela há que ser cumprida em um estabelecimento próprio para adolescentes infratores, que se propõe a oferecer educação escolar, profissionalização, dentro de uma proposta de atendimento pedagógico e psicoterápico, adequados à sua condição de pessoa em desenvolvimento. Daí não se cogitar de pena, mas sim, medida socioeducativa, que não pode se constituir em um simples recurso eufêmico da legislação.

Neste sentido fazem-se notáveis as deliberações tomadas quando da Primeira Reunião de Cúpula do Poder Judiciário sobre Infância e Juventude, em Porto Alegre, no início de 1995,[6] quando, presentes os representantes de todos os tribunais do país, juntamente com o ministro da Justiça, Nelson Jobim,[7] e ministros de Cortes Superiores,

---

5. "A organização penitenciária brasileira é um instrumento de degradante ofensa às pessoas sentenciadas. O condenado é exposto a penas que não estão no Código Penal, geradas pela promiscuidade e pela violência. O sistema penitenciário subverte as funções da pena. Assim, deixa de cumprir sua meta básica, que é a de ressocialização" (ministro José Celso de Mello Filho, *Veja*, 5 mar. 1997, p. 11).

6. A Reunião de Cúpula sobre o Novo Direito da Infância e da Juventude, realizada em Porto Alegre de 22 a 24 de março de 1995, representou episódio inédito na história do Poder Judiciário brasileiro.

A pauta do Novo Direito da Infância, advindo da Doutrina da Proteção Integral da Infância preconizada pelas Nações Unidas, fez convergir as presenças dos ocupantes dos mais elevados postos administrativos e políticos do Judiciário nacional.

Ministros do Supremo Tribunal Federal, ministros do Superior Tribunal de Justiça, presidentes dos tribunais de Justiça, corregedores gerais de Justiça e presidentes de Associações de Magistrados, após refletirem sobre as inovações da ordem jurídica de proteção à infância, selaram compromisso com a efetividade prática do novo modelo.

Ao comemorar-se o quinto ano de vigência do Estatuto da Criança e do Adolescente, a magistratura brasileira pode proclamar que não se faz alheia aos problemas sociais que tanto afligem nossa nação, e que, respondendo à altura os reclamos na sociedade civil, encontra-se a serviço da cidadania para levar às últimas consequências práticas as transformações trazidas pelo novo ordenamento.

7. Quando da Reunião de Cúpula do Poder Judiciário sobre Infância e Juventude, o ministro Nelson Jobim foi interrompido em sua fala pelos aplausos de uma plateia que lotava o salão de eventos do Plaza São Rafael, e ficava a convicção de que não se tornaria a discutir a questão da imputabilidade penal aos menores de 18 anos na atual reforma constitucional. Os

foi afirmada a prioridade do Judiciário na plena efetivação do ECA, inclusive com a criação de internatos adequados, em uma política nacional que priorize este segmento estratégico ao desenvolvimento da Nação. A propósito, apenas para citar dois exemplos em extremos do País, os Estados de Roraima[8] e do Rio Grande do Sul[9] têm, aquele já concluído, e este em fase de execução, interessantíssimos projetos de construção de unidades para internamento de adolescentes infratores, nos exatos termos preconizados pelo ECA.

Medida socioeducativa *x* Pena

O argumento de que cada vez mais os adultos se servem de adolescentes para a prática de crimes e que por isso faz-se necessária a redução da idade de imputabilidade penal, se faz curioso. Ora, pretende-se estender ao "*mandado*" o mesmo sistema que não alcança o "*mandante*"? Quem, de qualquer modo, concorre para o crime incide nas penas a este cominadas,[10] regra geral do concurso de agentes. Se a questão for de eficácia de sistema, por que o mandante (de regra "pior" que o executor direto) não é responsabilizado? Aliás, reprimido o mandante se exclui a demanda. Na verdade, o argumento dos arautos do rebaixamento se faz falacioso. O Estatuto oferece amplos mecanismos de responsabilização destes adolescentes infratores, e o que se tem constatado, em não raras oportunidades, é que, enquanto

---

aplausos daquele qualificado auditório ao ministro aconteceram quando este afirmou a posição do Ministério da Justiça e do próprio governo federal de que não há o que ser alterado na Constituição brasileira sobre este tema, que resta muito bem equacionado no plano legal.

8. Centro Sócio-Educativo Homero de Souza Cruz Filho. O adolescente autor de ato infracional grave passou a receber atenção do governo. A iniciativa possibilita uma prática educativa de acordo com o Estatuto da Criança e do Adolescente.

9. O governo do Estado do Rio Grande do Sul desenvolve a construção de dez unidades de internamento para adolescentes infratores, nas sedes dos Juizados Regionais da Infância e Juventude, em cidades-polo no Estado, permitindo que o adolescente privado de liberdade afaste-se o mínimo possível de sua realidade social e familiar. Estão em andamento as obras em Caxias do Sul, Santa Maria e Porto Alegre, havendo projetos licitados de outras sete unidades.

10. Art. 29 do Código Penal que consagra a Teoria Unitária em nosso sistema penal.

o coautor adolescente foi privado de liberdade, julgado e sentenciado, estando em cumprimento de medida, seu parceiro imputável muitas vezes nem sequer teve seu processo em juízo concluído, estando frequentemente em liberdade.[11]

Uma justiça instantânea

Quanto à eficácia e eficiência de ação na área infracional, não há como deixar de mencionar os extraordinariamente positivos resultados que vêm sendo obtidos no projeto "Justiça Instantânea", implantado no Juizado da Infância e Juventude de Porto Alegre, e em via de ser estendido às maiores comarcas do interior. Neste projeto, polícia, Ministério Público, Defensoria e Judiciário funcionam em unidade integrada, no mesmo prédio, dando solução quase imediata às situações de flagrância trazidas pela Polícia Militar ou pela própria Polícia Civil. O adolescente é ouvido pelo Delegado, forma-se o procedimento, submetido ao promotor, com assistência de advogado e, feita a representação, é imediatamente apresentado a Juízo, ouvindo-se vítima e testemunhas, se for o caso. Ali, de regra, são imediatamente solucionados, com sentença.[12]

O funcionamento adequado de um sistema de infância e juventude, preventivo — com ação eficaz dos Conselhos Tutelares[13] — e

---

11. O jornal *Zero Hora* divulgou em 6/9/1994, que adolescentes participam de 10% dos delitos da Grande Porto Alegre. A propósito, a estatística não inclui apenas autores dos atos infracionais, mas também como vítimas. Ora, o percentual destes no montante da população é de cerca de 40%. Se estes se envolvem em 10% dos delitos, é porque os 90% dos crimes são de adultos, o que permite concluir que a lei penal para o adulto não é remédio suficiente. Em resumo, querem estender ao adolescente um modelo que não está dando certo com o adulto.

12. De 8/5/1996 a 28/2/1997 foram iniciados na "Justiça Instantânea" 2.145 procedimentos. Destes, 1.472 foram concluídos no mesmo dia (68,62%); (21,35%) tiveram tramitação parcial — vítima e testemunhas ouvidas em ou dia —, e 215 (10,03%) foram remetidos à tramitação normal. Dos adolescentes julgados, 67 foram encaminhados a abrigo, dois não foram localizadas suas famílias e 185 receberam medida de internamento.

13. Instituições centenárias não podem tutelar o Conselho Tutelar: é preciso detectar os erros para apoiar a instituição na busca do bom caminho. No trabalho comunitário é que se irá poder precocemente constatar o flagelo da violência seio da família (Marcel, Hoppe. *A questão*

repressivo, há de fazer parte de uma política de ação. O resultado que se constata em Porto Alegre é redução da reincidência e até mesmo uma mudança no perfil da "clientela" do Juizado, com muitos jovens de classe média sendo trazidos a Juízo, fato que raramente se cogita na época da Justiça de Menores, tachada como um Juizado para os pobres.[14]

A ação efetiva de todos os agentes envolvidos com questão infracional passa, necessariamente, por um comprometimento de todos os atores deste processo, desde polícia, em uma ponta, até o juiz, na outra. Para isso há de existir decisão política e engajamento de todos os poderes, Executivo, Legislativo e Judiciário, fazendo valer a prioridade absoluta preconizada no art. 227 da Constituição Federal. O Estatuto é uma receita que a nós cumpre aviar.[15]

O módulo de internamento

Outra questão que tem sido levantada se refere ao módulo máximo de internamento de um adolescente infrator, fixado em três anos, com limite em 21 anos de idade para sua liberação. A matéria, embora admita avaliação,[16] merece algumas reflexões diante do conjunto do sistema penal do imputável, apresentado como solução ao controle da

---

da violência: indiferença — derrube este muro. In: Seminário da Criança e do Adolescente, Promoção da Associação Procuradores do Município de Porto Alegre, *Anais*..., jan. 1996).

14. Por ocasião do III Seminário Latino-Americano do Avesso ao Direito, tratando da evolução da doutrina da situação irregular à da proteção integral criança e do adolescente, em São Paulo, entre 19 e 23 de outubro de 1992. Oficina sobre Justiça da Infância e Juventude, entre outras conclusões, apresenta os sistemas de justiça "tutelar", por estarem baseados na doutrina da situação irregular, não atendem às expectativas dos povos da América Latina, permanecendo em todos os países a justiça de menores como uma justiça de menor importância. Pelo anterior sistema — da doutrina da situação irregular, que norteava o velho Código de Menores —, os juizados estavam reduzidos a meros instrumentos controle da pobreza.

15. Marcel Hoppe, juiz da Infância e Juventude em Porto Alegre, foi responsável pela reestruturação do Juizado da Infância e Juventude da capital e se constitui em uma das maiores autoridades na matéria em nosso país.

16. Os índices de recuperação e não reincidência em infratores sujeitos a internamento autorizam um juízo otimista em relação ao módulo máximo de privação de liberdade fixado no ECA.

criminalidade. Deve-se considerar, por exemplo, que para um adulto permanecer três anos "fechado", sem perspectiva de alguma atividade externa, sua pena deverá situar-se em um módulo não inferior a dezoito anos de reclusão, eis que cumprido 1/6 da pena (que são os mesmos três anos[17] a que se sujeita o adolescente) terá direito a benefício.[18] Não se pode desconsiderar, no caso do adolescente, que três anos na vida de um jovem de 16 anos representa cerca de 1/5 de sua existência, em uma fase vital, de transformações, na complementação da formação de sua personalidade, onde se faz possível a fixação de limites e valores.

Mesmo aqueles jovens de remoto prognóstico de recuperação merecem tal oportunidade, até porque, adequadamente tratados, são animadores os resultados obtidos. A experiência que se tem tido nestes mais de seis anos de Estatuto da Criança e do Adolescente é altamente satisfatória, a ponto de se poder afirmar que um índice de 70% a 80% dos jovens adequadamente atendidos nas medidas socioeducativas que lhe são impostas, obtém plenas condições de uma completa integração social ao final.

O adolescente e o voto

Outro argumento utilizado na justificação da redução da idade diz respeito ao fato de o jovem poder votar, escolhendo desde Presidente da República até Vereador.

17. No episódio do homicídio da atriz Daniela Perez, o acusado condenado recebeu pena pouco superior a dezenove anos, pelo que, cumpridos pouco mais de três anos, poderá ver progredido seu regime prisional. A considerar ainda que um condenado entre 18 e 21 anos de idade, que não era o caso daquele, tem a seu favor a atenuante prevalente da minoridade, que sempre lhe reduz a pena. Portanto, o módulo de três anos de internamento a que se submete o adolescente, com possibilidade de exclusão de qualquer atividade externa, não está em desacordo com a realidade penal brasileira.

18. Art. 37 da LEP. No sistema penal brasileiro (arts. 112, da LEP, e 33, do CP), cumprido 1/6 da pena, o condenado preenche requisito objetivo que o habilita à progressão de regime (de fechado para semiaberto, por exemplo). Assim, não é exagero afirmar que, para um adulto permanecer três anos em regime fechado, privado de liberdade sem atividades externas, há de receber pena não inferior a dezoito anos. A insuscetibilidade de progressão, mesmo nos chamados "crimes hediondos", por inconstitucionalidade, divide a jurisprudência, e no Rio Grande do Sul o entendimento prevalente nas Varas de Execução Criminal é pelo cabimento da progressão.

Dizer-se que se o jovem de 16 anos pode votar e por isso pode ir para a cadeia é uma meia-verdade (ou uma inverdade completa). O voto aos 16 anos é facultativo, enquanto a imputabilidade é compulsória. De resto, a maioria esmagadora dos infratores nesta faixa de idade nem sequer sabem de sua potencial condição de eleitores; faltam-lhes consciência e informarão.

A questão de fixação de idade determinada para o exercício de certos atos da cidadania decorre de uma decisão política e não guarda relações entre si, de forma que a capacidade eleitoral da jovem aos 16 anos — FACULTATIVA — se faz mitigada. Nossa legislação, a exemplo das legislações de diversos países, fixa em 21 anos de idade a maioridade civil. Antes disto, por exemplo, não há casamento sem autorização dos pais,[19] e somente após se faz apto a praticar, sem assistência, atos da vida civil.

A propósito, a legislação brasileira fixa diversos parâmetros etários, não existindo uma única idade em que se atingiria, no mesmo momento, a "maioridade absoluta". Um adolescente pode trabalhar a partir dos 14 anos e, no plano eleitoral, estabelece que o cidadão para concorrer a vereador deve ter idade mínima de 18 anos; 21 anos para deputado, prefeito ou juiz de paz; 30 anos para governador, e 35 anos para presidente, senador ou ministro do STF ou STJ.[20] Não há critério subjetivo de capacitação e sim decisão política. Tanto é assim que Jesus Cristo, que morreu aos 33 anos, a par de sua indiscutível capacidade e discernimento, no Brasil não poderia exercer a presidência da República.

Assim, mesmo sendo discutível a decisão constituinte de outorgar o voto facultativo aos 16 anos, o fato de per se não leva à conclusão que o adolescente nesta idade deva ser submetido a outro tratamento que não aquele que o Estatuto lhe reserva em caso de crime — mesmo eleitoral.

---

19. Chega a ser contraditório não poder casar sem autorização dos pais e poder ser preso.

20. Arts. 14, § 3º, 101 e 104, parágrafo único, da CF.

A redução de idade para concessão da Carteira Nacional de Habilitação

Quanto à carteira de motorista, tão reclamada pelos jovens filhos da burguesia, o que há a ser dito é que as medidas socioeducativas do ECA são tão ou mais eficazes e rigorosas que as penas que o atual sistema penal reserva aos autores de crimes culposos no trânsito maiores de 18 anos.[21] Não há necessidade de redução da imputabilidade penal para responsabilizá-los, como sustentam alguns que postulam, como condição à redução de idade para concessão da CNH, o rebaixamento de idade de imputabilidade penal.

Na forma em que vem sendo conduzida esta questão, inclusive pelo teor de veto lançado pelo ex-presidente Itamar Franco a projeto aprovado no Congresso relativamente ao rebaixamento de idade para obtenção da carteira de motorista, neste país onde se afirma matam-se cerca de 50 mil pessoas ao ano em acidentes de trânsito, a ideia é de poder entregá-la para os filhos dos ricos — afinal, no Brasil, automóvel ainda é privilégio —, para poder lançar os filhos dos pobres na cadeia.

O discernimento

Outro ponto objeto da argumentação pelo rebaixamento diz respeito ao discernimento. De que o jovem de hoje, mais informado, amadurece mais cedo.

Ninguém discute a maior gama de informações ao alcance dos jovens. A televisão hoje invade todos os lares com suas informações e desinformações, trazendo formação e deformação.

Considerando o desenvolvimento intelectual e o acesso médio à informação, é evidente que qualquer jovem, aos 16, 14 ou 12 anos de

21. Homicídio culposo ou lesões corporais culposas resultam em penas de detenção, normalmente convertidas em prestação de serviço à comunidade ou outra pena alternativa. O ECA dispõe de medidas socioeducativas similares aptas a darem uma resposta tão ou mais eficaz no plano da responsabilização dos agentes. No plano da responsabilidade civil, a questão prescinde de discussão, estando disciplinada no Código Civil.

idade é capaz de compreender a natureza ilícita de determinados atos. Aliás, até mesmo crianças pequenas sabem que não se pode matar, que machucar o outro é "feio" ou que não é permitido tomar para si o objeto do outro. O velho catecismo romano já considerava os sete anos como a "idade da razão", a partir da qual é possível "cometer um pecado mortal". Esse raciocínio sobre o discernimento, levado às últimas consequências, pode chegar à conclusão de que uma criança, independentemente da idade que possua, deva ser submetida ao processo penal e, eventualmente, recolhida a um presídio, desde que seja capaz de distinguir o "bem" do "mal".

O que cabe aqui examinar é a modificabilidade do comportamento do adolescente e sua potencialidade para beneficiar-se dos processos pedagógicos, dada sua condição de pessoa em desenvolvimento.

A experiência dos Juizados da Infância e da Juventude no Rio Grande do Sul tem demonstrado que, aplicadas com seriedade as medidas constantes do Estatuto, diversos adolescentes, internados por infrações gravíssimas, como homicídio e latrocínio, têm logrado efetiva recuperação, após um período de internação. Progressivamente, esses jovens têm passado da privação total de liberdade à semiliberdade e à liberdade assistida. Muitos passam algum tempo prestando serviços à comunidade, numa forma de demonstrar a si próprios e à sociedade que são capazes de atos construtivos e reparadores.

O Brasil já mandou para o sistema criminal adolescentes. Maria Auxiliadora Minahim,[22] em seu interessantíssimo *Direito penal da emoção*,[23] no qual destaca que a inimputabilidade dos menores de 18 anos é uma conquista que cumpre ser defendida, citando Bento Faria, ao comentar o Código Penal pátrio de 1890, em seu art. 30 (onde se fixa a inimputabilidade dos jovens até 14 anos) traz o relato de uma série de decisões dos tribunais, de mandar soltar meninos recolhidos em prisões de adultos por falta de instituições adequadas.

---

22. Professora da Faculdade de Direito da Universidade Federal da Bahia, mestra e doutora em Direito Penal pela Universidade Federal do Rio de Janeiro.

23. *Direito penal da emoção*: a inimputabilidade do menor. São Paulo: Revista dos Tribunais, 1992.

O jovem de 1890 teria maior ou menor discernimento que hoje? Se a matéria evoluiu para uma atenção diferenciada, em um país em que as diferenças sociais são abissais, isso revela uma evolução de política criminal, conceito dissociado da ideia de discernimento.[24]

A opção por um tratamento diferenciado ao jovem infrator — conceituado como "delinquente" na linguagem dos opositores do ECA — resulta de uma disposição política do Estado, na busca de uma cidadania que se perdeu — ou jamais foi conquistada.

Revela a história que a preocupação oficial sobre a questão do jovem, como sujeito de um direito diferenciado, encontra precedente histórico apenas em 1896, em Nova York, quando foi registrado o primeiro processo judicial efetivo tendo como causa maus-tratos causados a uma menina de 9 anos de idade pelos seus próprios pais. A parte que propôs a ação foi a Sociedade para a Proteção de Animais de Nova York. Dessa sociedade é que surgirá a primeira liga de proteção à infância.[25]

Considerações finais

Em suma. O "arsenal" de recursos postos à disposição da sociedade pelo Estatuto da Criança e do Adolescente prescinde da anacrônica proposta de redução da idade de imputabilidade penal para o enfrentamento da questão atinente à criminalidade juvenil.

Para tanto, o que necessitamos é de compromisso com a efetivação plena do Estatuto da Criança e do Adolescente em todos os níveis — sociedade e Estado[26] —, fazendo valer este que é um instrumento de cidadania e responsabilização — de adultos e jovens.

---

24. A Exposição de Motivos ao Código Penal de 1940 tachava os menores de 18 de imaturos (item 19). Já a Exposição de Motivos da Nova Parte Geral (1984) afirma tratar-se de opção (a inimputabilidade) apoiada em critérios de política criminal, em seu item 23.

25. Marcel Hoppe. *A questão da violência*. Op. cit.

26. "A aceitação de práticas de violência contra as crianças vem a dar causa ao extermínio, que não é contra a infância em geral, mas contra os menores. No ano de 1989, morreram

Penso estar demonstrado que inimputabilidade penal não é sinônimo de impunidade ou irresponsabilidade. O Estatuto da Criança e do Adolescente oferece uma resposta aos justos anseios da sociedade por segurança e, ao mesmo tempo, busca devolver a esta mesma sociedade pessoas capazes de exercer adequadamente seus direitos e deveres de cidadania.

Como já foi possível expressar em outra oportunidade: reformar a Constituição Federal para reduzir a idade de imputabilidade penal, hoje fixada em 18 anos, significa um retrocesso, um desserviço, um verdadeiro atentado. A criminalidade juvenil crescente há de ser combatida em sua origem — a miséria e a deseducação. Não será jogando jovens de 16 anos no falido sistema penitenciário que se poderá recuperá-los. Mesmo aqueles de difícil prognóstico recuperatório a sociedade tem o dever de investir, máxime porque a porcentagem daqueles que se emendam — dentro de uma correta execução da medida que foi aplicada — faz-se muito maior e justifica plenamente o esforço. Não for pensado assim, amanhã estar-se-á questionando a redução da idade de imputabilidade penal para doze anos, e depois para menos, quem sabe, até que qualquer dia não

---

no Brasil 400.000 crianças por causas evitáveis. Deodato Rivera afirma que não houve nenhuma manifestação maior da sociedade e pergunta: 'O que aconteceria se fosse noticiada a morte de 400.000 bezerros? Seria o caos econômico. Seria a falência da estrutura. A imprensa noticia todo o dia a violência física: a violência urbana. Assunto permanente é a superlotação de presídios. Presídios são interditados. Presídios são abertos. Trocam-se agentes penitenciários por brigadianos (PMs). O povo reclama: 'Falta policiamento'. Os policiais rebatem: 'Não temos condições para atender, faltam verbas, faltam veículos. Não há nada'. Mesmo nos Estados Unidos, com seu enorme potencial econômico, o enfrentamento do problema se revelou ineficaz. Ali, como aqui, tenta-se combater as consequências do problema, ocorre o aumento do tamanho do governo. A doença com mais serviço médico. O crime com mais aparato policial. O incêndio com mais bombeiros. Agora naquele país está ocorrendo exatamente o inverso. Na Califórnia, Flórida, Illinois, está se trabalhando na prevenção. A conclusão de que para um quilo necessário à correção, basta aplicar uma grama na prevenção. Atender o social é prevenir o jurídico. A atuação dos Conselhos Tutelares é exatamente necessária para esse desiderato. As pessoas precisam saber que essa nova instituição tem finalidades específicas e não é subordinada a nenhuma outra. A sua intervenção eficaz é capaz de resolver precocemente os problemas" (Marcel Hoppe. *A questão da violência*. Op. cit.).

faltará quem justifique a punição de nascituros, preferencialmente se pobres.[27]

Referências

COSTA, Antonio Carlos Gomes da. *De menor a cidadão*. Brasília: Centro Brasileiro para a Infância e Adolescência, Ministério da Ação Social, 1991.

______. *Por uma pedagogia da esperança*. Brasília: Centro Brasileiro para a Infância e Adolescência, Ministério da Ação Social, 1991.

CURY, Munir; SILVA, Fernando do Amaral; MENDEZ, Emílio Garcia et al. *Estatuto da Criança e do Adolescente*: comentários jurídicos e sociais. São Paulo: Malheiros, 1992.

FIGUEROA, Ana Cláudia (Org.). *Da situação irregular às garantias processuais da criança e do adolescente*. São Bernardo do Campo: CEDECA, 1994.

HOPE, Marcel. A questão da violência: indiferença — derrube este muro. In: SEMINÁRIO DA CRIANÇA E DO ADOLESCENTE, PROMOÇÃO DA ASSOCIAÇÃO PROCURADORES DO MUNICÍPIO DE PORTO ALEGRE, *Anais...*, jan. 1996.

______ et al. *O Estatuto passado a limpo*. Porto Alegre: Juizado da Infância e Juventude de Porto Alegre/Ed. Diretoria de Revista e Jurisprudência e outros Impressos do TJRS, 1992.

LEÃO, Sonia Carneiro. *Infância, latência e adolescência*. Rio de Janeiro: Imago, 1990. (Temas de psicanálise.)

LIBERATI, O. *Estatuto da Criança e do Adolescente*: comentários. Brasília: Instituto Brasileiro de Pedagogia Social, 1991.

MENDEZ, Emílio Garcia. *Liberdade, respeito, dignidade*. Brasília: Centro Brasileiro para a Infância e Juventude, Ministério da Ação Social.

---

27. Saraiva, João Batista Costa. Inimputabilidade, não impunidade. In: ______. *Relatório Azul da Comissão de Cidadania e Direitos Humanos*. Porto Alegre: Assembleia Legislativa do Rio Grande do Sul, 1995. p. 34.

RIVERA, Dedodato. *Pelo amor destas bandeiras*. Brasília: Centro Brasileiro para a Infância e Adolescência, Ministério da Ação Social, 1991.

SEDA, Edson. *O novo direito da criança e do adolescente*. Brasília: Centro Brasileiro para a Infância e Adolescência, Ministério da Ação Social, 1991.

______. *Construir o passado ou como mudar hábitos, usos e costumes tendo como instrumento o Estatuto da Criança e do Adolescente*. São Paulo: Malheiros, 1993.

______. *A criança e o direito alternativo*: um relato sobre o cumprimento da Doutrina da Proteção Integral à criança e ao adolescente no Brasil. São Paulo: Malheiros, 1995.

SARAIVA, João Batista Costa. Inimputabilidade, não impunidade. In: ______. *Relatório Azul*. Porto Alegre: Comissão de Direitos Humanos da Assembleia Legislativa do Rio Grande do Sul, 1995. p. 33.

______. Adolescentes em confronto com a lei: o ECA como instrumento de responsabilização ou a eficácia das medidas socioeducativas. *Ajuris*, Porto Alegre, v. 67, n. 60, 1996.

GRÁFICA PAYM
Tel. (11) 4392-3344
paym@terra.com.br